私を幸せにする食事

藤代圭一

質問で見つける、
自分らしい
食の喜び

TOYOKAN BOOKS

自分らしく生きたいあなたへ。

食べ方が変わると人生が変わる。
暮らしの中にある
何気ない食事と問いを通して、
あなたらしい幸せな生き方を
見つけてほしい。

食を通じて
幸せに生きる
53の質問

#1 だれかを訪ねるとき、ぼくたちはどのように贈り物を選ぶのだろう

新宿に住んでいたころのぼくは、地域やローカルといったものに全く関心がなかった。というか、関心を向ける発想すらもたなかった。

田舎に移住する家族もいるといった話題が耳に入ることはあったけど、それはほんの一部。ほとんどの人たちは、ぼくと同じような暮らし方をしているんだろうと決め込んでいた。自分の暮らし方が都会的などとは思いもよらなかったのだ。

そんな調子だったから、手土産が必要になったときは、迷うことなく大手のデパートの地下に足を運び、評判のいいお店の行列に加わった。

新宿のデパ地下に出店できるくらいだから、洋菓子だろうと和菓子だろうと相手はそれなりに喜んでくれた。北海道の名産品を新宿で買うなんてこともざらだ。そしてそこに、ぼくの思い入れなど、ないに等しい。

「ところで、どうしてこの手土産を選んだの?」と訊ねられれば、愛想笑いを浮かべながら、ぼくはこう答えただろう。

「美味しそうだったんですよ、たくさん行列もできてましたて」

あるとき、友人から手土産をもらった。聞けば、乳製品を避けているぼくのことを想い、いくつかのお店に足を運んでは、いろいろと試してくれたのだという。彼からの贈り物は、見た目もすばらしかったし、美味しかった。だけどそれ以上に、あたたかな気持ちがあふれてきて驚かされた。

だれかに喜んでもらいたいと思って手土産を買うとき、ぼくたちはどんなふうに選ぶだろう。「これでいいな」と選ぶ人もいるだろう。「これがいいな」と選ぶ人もいるだろう。言葉にすると、たった一文字しか違わない。だけど、そこにはまったく異なるエネルギーが生まれる。

自分が暮らしている地域でつくられたもの、顔の見えるあの人が愛情を込めてつくったもの。大切な人を想い、なにを選ぶのかは人それぞれだけど、ぼくも「これがいいな」と思って選べる人でありたい。

「大切な人を訪ねるとき、あなたはなにを手に、会いに行きたいですか?」

#2　残さず食べろよ！

サッカーコーチをしていたころ、合宿や遠征に行くたびに、ぼくは口を酸っぱくして子どもたちにこう口にしていた。

「残さず食べろよ！」

料理をつくってくれた人たちに敬意を払ってほしい。
スポーツ選手として活躍したいのなら、強靭な身体づくりが欠かせない。
だから、残さず食べるのが当たり前だ。
そう願っての声かけだった。

でもいつしか、こんな疑問が生まれた。
〝それって、ほんとうに？〟

一人ひとり、体格は違うのに、おなじ量でほんとうにいいんだっけ？

一人ひとり、摂取したほうがよい栄養素も違うはずだ。

自分が食べられる量を、自分で知ることも大切なんじゃないかな？

それからは、ビュッフェ形式で料理を提供している宿泊先を選ぶようになった。

ビュッフェであれば、自分が食べられる分だけプレートに盛りつけることができるし、

「自分が食べたい量」と「なりたい自分」を天秤にかけることもできる。

もし足りないと感じるのであれば、おかわりすればいい。

そうしているうちに「だれがどれくらい食べるか？」を、ぼくたち大人も把握できるようになった。宿泊先の食品ロスを軽減することにもつなげられる。

ビュッフェは、一般的な食事の提供と比べて異なることがある。それは「多くつくる」傾向にあることと、「食べる側の選び方」にかたよりがあることだ。そのために、食品ロスが生まれやすい。

けれど、ぼくたちが「食べられる量」をあらかじめ伝えておければ、わずかだけれどロスを減らせる。

「今日の失敗で、自分の食べられる量がすこしわかったね」

自分で食べられる量を選べるビュッフェだとはいえ、体調変化も関係して残してしまう子どもも、もちろんいる。

でも、昨日より今日、今日より明日、食事に対してていねいに向き合っている子どもの姿を見るたびに、〝ぼくももっと〟と意気込んでいる。

「自分が食べられる量を知っていますか?」

#3 これ、ぜんまいだね！

島で、うぐいすの歌声が響きはじめたころのことだ。

仲のよい友人親子と近所の森を散歩していると、彼女が不意に地面を指さして言った。

「これ、ぜんまいだね！」

商店で販売しているものに比べるとだいぶ小ぶりだけれど、きれいな緑色をしていて、素揚げにして食べても美味しそうだと盛り上がった。

別の友人は逗子で、子どもたちと地図をつくっている。

セリやヨモギ、クレソンや香りのよい三つ葉などが採れる場所を記した、2キロメートル四方の小さないのちの地図だ。見ているだけでワクワクするようなその地図の名は、「せいめいい ちいき ちず」という。

しかも、どうくつの場所や、滑って遊べる斜面の場所まで記すものだから、いつまで経っても完成しない。

食材は、スーパーで買うものだし、
行ったことのないスーパーであれば、ルートを検索できるスマホが欠かせない。
そんな思い込みをちょっと手放して、地域を歩いてみると、
思いがけない出会いが待っていて、心が躍ることがある。
そんなとき、〝あの小道を進むと、どこにつながっているんだろう？〟と心臓がドクドクと波を立てた、小さいころの自分自身と再会しているのかもしれない。

そういえば、ずいぶん昔、
ぼくたち家族が暮らす団地の裏山に群生していたつくしを、母親が料理してくれたな。
数十年経ってもぼくの記憶に残っているくらいだから、きっと大切な思い出なのだろう。

「暮らしの近くに、どんないのちがありますか？」

#4 海苔はあとから巻いたほうがパリパリで美味しいでしょ？

家族で旅行に行くときの朝食は、いつも車の中だった。

いまはあまり見かけなくなった大きなコップつきの水筒に、冷たい麦茶。水分を含んだおにぎりに、パリパリの海苔を巻く。最初から海苔を巻いちゃうと、水分でしっとりしちゃうからと、おにぎりは一つひとつアルミホイルで包んである（妻の家はアルミホイルではなくて、キッチンペーパーを巻いておにぎりの水分を吸っていたらしい）。

なんの具材が入っているかは食べてからのおたのしみだ。

でも、ほんとうのことを言うと、車の中での食事が、ぼくはあまり好きじゃなかった。小さいころは梅が苦手で、種が入っていると食べづらいから、アルミホイルで包みなおしてごまかしていた。

当時、コンビニのおにぎりのほうが種類も豊富だし、お家ではちょっと手間がかかるおかずが並ぶし、なによりシーチキン・マヨネーズ味のほうが、ぼくは好きだった。

そうしたこともあって、遠足のときはいつも、「サンドイッチにしてほしい」と母親にせがんだ。お寿司の巻物のようにまるめたサンドイッチにはイチゴジャムや卵が入っていて、一口で食べられる軽やかさと、友達とのおかず交換にも大活躍だった。

それからずいぶん長い月日が流れた。

コンビニのシーチキン・マヨネーズのおにぎりは、いまも変わらずぼくのお気に入りだ。食べたいと思うタイミングで比較的、簡単に手に入るし、お腹も満たしてくれる。

それでもやっぱり…と思うこともある。

母が早起きして家族のために握ってくれたおにぎりのほうが、いまとなっては温もりを感じる。

とても幸せな食事だった。

「あなたの思い出の食事はなんですか?」

#5 なかったことにすればいいじゃないか

スーパーで販売されている3個パックのプリンは、子どもを魅了する。ひとつ食べれば、あの美味しさに取り憑かれ、「もう1個」と手が伸びる。そんな仕掛けが練り込まれている。きっとサイズ設計の世界的な専門家がいて、絶妙なサイズ感なのだろう。

子どもにとっては脅威の食べ物だ。一個で満足できるはずもない。兄弟姉妹がいる家庭では、奪い合いの火種になる。

きっと共感してくれる人は多いと思うし、姉と弟、3人兄弟の真ん中で育ったぼくも、そうだった。

そんなある日、天才的なひらめきが天から降りてきた。

みんなの前で2つめを食べようとするから喧嘩になる。だったら、みんなのいないうちに、3つとも食べてしまえばいい。それなら、プリンがあったことすら、だれも気づかない。

〝そうだ！　最初から存在しなかったことにすればいいじゃないか〟

小学生のかわいらしい発想だ。

その後のことまで頭が回らないのも、実に小学生らしい。


そのときは、やがて訪れる。

姉か弟のどちらかが、ゴミを捨てようとすると、そこには食べた覚えのない空の容器が3つ。追い打ちをかけるように、「冷蔵庫にプリンを冷やしてあるよ」という母の一言。

すべてが明るみに出て、結局は殴り合いの喧嘩がはじまる。


独占しようとするから、奪い合いが起きる。

だけど、食べたい気持ちも抑えられない。


「嘘をついてでも、食べたいものはなんですか？」

#6　さっきよりも、古代の土を感じるものでお願いします

京都に特別な体験ができるバーがある。お店にメニュー表はない。席について自分自身が感じたインスピレーションをマスターに伝えるだけ。「太陽のような一杯をください」「わたしには華やかな植物の一杯を」といった調子だ。

しばらくすると「こちらはいかがでしょうか？」とマスターがドリンクを提案してくれる。それがなんとも言葉にできない特別な体験で、人気のバーだった。海外からもお客さんがひっきりなしにやってくる。

「土を感じる一杯をお願いします」

これは、はじめて訪れたときのぼくの注文だ。当時、アースデイにイベントを企画していたぼくは、大地とつながることを望んでいた。幼いころ以来、土を口に入れることなどしていないから、〝これは！〟と心が躍った。

マスターが差し出してくれた一杯は、〝おお、なるほど〟と唸るもので、「土なんか食べちゃだめ！」と言われていたあのころの記憶がふと蘇ってきた。

味を占めたぼくは次の注文をした。

「さっきよりも、古代の土を感じるものでお願いします」

テーブルに置かれたドリンクは、ドスンと深く、シャベルで掘り進めないと辿りつかない奥底にある堅い土のような香り。それなのに、口の中にいれるとふわっと軽く、飲みやすい一杯だった。

写真入りのメニュー表は、日本では一般的だ。提供される料理を鮮明に想像でき、「今日は、なにを食べようかな？」と選ぼうとするぼくたちを助けてくれる。そんなやりとりに慣れたぼくにとって、日常とはかけ離れた特別な体験だった。

想像を超える新たな出会いがそこにある。

だから、京都に行くときは必ず足を運ぶと決めている。

「どんな食の体験をしたいですか？」

彼女は毎日、とても忙しくしていて、いつも時間とにらめっこしている。自分に厳しい性格も相まって、「テレビを観るのはダメ」と自身に禁止令をだしている。

そんな彼女も唯一「食事のときだけはドラマをみてもOK」と自分に許可をだしている。

こんな話を聞かせてもらった。

ぼくたちのおばあちゃんよりも、もう少しだけ前の世代では、「食事はだまって食べるもの」だった。食事とは、集中して「お料理と向き合う時間」という考え方だ。

会話を慎むのは当たり前。米粒ひとつ残してはいけない。お皿の上に盛られたものはきちんとすべて食べる。食べられないのなら、最初から箸をつけてはいけない。そう教えられた。

あたたかいご飯にお茶をかけることもいけないことだとされていたから、お茶漬けにしたいときは「ごめんなさい」と一言お詫びしてから食べるんだよと、しつけられたと言う。

さて、〝ぼくは〟というと、幼いころから食事をしながらテレビを観るのが日常だった。

野球であったり、お笑いやバラエティ番組だったり。いまでは、スマホでスポーツのハイライト映像を観ながら食事をすることも多い。

家族みんなで共通の情報を目にしながら取る食事は、それはそれでよい思い出だ。

でもぼくたちの五感は、なにかに意識を向けると、どこかの感覚がすこし閉じてしまうようだ。ポップコーンは美味しいけれど、大迫力の映画を観ながら食べてもあまり味がしない。ゴールシーンの瞬間、自分がなにを口に入れていたのかもよく思い出せない。

eat when eat.

食べるときは、食べる。

食事を通じた豊かさは人それぞれだから、偉そうに彼女に伝えることはしない。でも、ぼくは今日くらい、食べることだけに意識を向けて、食事と向き合ってみたいと思う。

「食べることに集中していますか?」

#8 お金を払っては太り、お金を払っては痩せようとしてる

北海道で暮らすぼくの友人は、いつも奥さんに怒られている。

食べることよりもお酒を呑むことが大好きな彼は、定時に仕事を終わらせて帰ってくると、家の庭で焚き火を起こして缶の蓋に指を掛ける。赤く燃え上がる火を眺めながらビールを飲むのが日課だ。

「プシュッと音を立てるあの瞬間がたまらなくてさ。なんだか蘇った感じがするんだよね」

昔は深夜遅くまで仕事をしていたという彼も、生き方や働き方を見つめ直し、仕事の終了時間を自分で決め、17時以降の時間を思う存分たのしんでいる。

そんな彼はテレビショッピングが大好きだ。バランスボール、スタンディング・デスク、エアロバイク…次から次へと紹介される健康器具を買いあさっている。

家のなかで足踏みできる健康器具に至っては、すべての部屋に置いているほどの入れ込みよう。「思いついたときにできないとやらなくなるんだよ」と彼は言う。

けれど、それらの器具はあまり使われているようには見えない。部屋の隅っこでうっすら埃がかぶっている。

飲酒は、よさもあるけど、身体にいいってわけでもない。お腹だってずいぶん出てきた。だから健康に気をつけたいと彼は思っている。だけど、ビールを飲むのも、健康器具を買うのもやめられない。

そんな様子を目の当たりにするたびは、奥さんは言う。

「あなたはそうやって、お金を払っては太り、お金を払っては痩せようとしてるわけ？」

ぼくの友人は今夜も、焚き火を起こしてビールを飲み、奥さんの小言に耳を傾けている。

「あなたを蘇らせる食事はなんですか？」

#9 大好きなのに、苦手な春

ぼくは幼いころから花粉症に悩まされていた。

菜の花が川沿いの土手を鮮やかな黄色で覆うころになると、くしゃみが止まらなくなる。目もかゆくて仕方がない。

その後も治るどころか、すっかりこじらせてしまった。中学生になるころには鼻炎はさらにひどくなり、箱形ティッシュを抱えて学校に通っていたくらいだ。

酷い日は、トイレットペーパーを拝借しては鼻をかんだ。そんなふうにしていたからか、鼻を痛めすぎないかみかたと、ティッシュの効率的な使い方を身につけた。


丸めたティッシュの山と赤く腫れた両目。

春のやわらかな陽射し、優しい風、舞い散る桜花がなによりも好きなはずのに、ぼくにとって春は、すっかり憂鬱な季節になってしまった。

でも、いまのぼくは違う。
春はもちろん、どの季節の香り
も、たのしめるようになっている。鼻が詰まっていないって、ほんとうにすばらしい。それにしても、あれだけぼくを苦しめた花粉症はいったいどこに行ってしまったというのだろう？

実を言うと、その理由はとても単純なことだった。

ぼくの場合は食事。特定の食べ物がぼくの身体に大きな負担をかけていたのだ。そのため、すこし距離をとることにしたら、だんだんと鼻がうずくことはなくなっていった。

体質によってさまざまだけど、一般的には卵や牛乳などはアレルギー反応のでやすい食材として知られている。これは食べるとすぐに反応が出る即時性のあるタイプで、お腹を下したり、身体に湿疹が現れたりする。なかには、呼吸が苦しくなってしまう人もいる。

一方で、あまり知られていない反応もある。遅延性アレルギーがそれだ。

このアレルギー反応は、半日後～1日後くらいに症状が現れるものの、その症状は、少しだるさを感じたり、頭が痛くなったりする程度。ぼくのように鼻水が止まらなくなるのもそうだ。

瞬間的な症状はそれほど重くないけれど、ボクサーのボディーブローのようにじわじわ効いてくる。まさか1日前に食べたものが原因だったなんて思いつかないのが盲点だ。しかも、それと気づいていなければ蓄積してしまうというのだから始末が悪い。

あるとき検査を受けてみると、乳製品の多くが規定値を振り切るほどのアレルギー反応を示していた。牛乳やアイスクリーム、ショートケーキに生クリームプリン。子どもであれば大好きなものばかりだ。摂取量が増えるほどに、アレルギー値も高まる。

かつて小細工を弄してまで姉と弟の分を食べてしまったプリンが、ぼくを苦しめていたのかと思うと、苦笑いしてしまう。

食べ物は、ほんとうに不思議だ。自分の身体にエネルギーを与えてくれるはずのものが、逆に大きな負担をかけてしまうこともある。

だったら、自分の身体に耳を澄ませ、適切な食べ物を選択できるようになれば、ぼくたちの身体は軽くなり、パフォーマンスはさらに高まるはずだ。

「あなたの身体に負担をかけている食べ物はなんですか？」

#10 いただきます！

日本で生まれ育ったぼくには、食事をする前に行う儀式がある。手を洗い、湿らせた布巾でテーブルを拭く。食器やご飯を並べ、手をあわせる。幼いころからずっとそうしてきた。大好きなハンバーグやカレーを前にして、すぐにでも手を伸ばしたい衝動を抑え、矢継ぎ早に「いただきます！」と声をあげる子どもの姿は愛くるしい。せわしない時間の流れのなかに身を置いているスーツ姿のサラリーマンが、一呼吸おいて「いただきます」と小さく口を動かす姿には凛とした美しさを感じる。

禅の世界には「五観《ごかん》の偈《げ》」という詩がある。食前に唱える詩だ。食事もまた大事な修行であり、800年以上前から禅のお坊さんの間で伝承されてきたという。『食べる瞑想 Zen Eating のすすめ』（ももえ著、笠間書院、2023年）では、この「五観《ごかん》の偈《げ》」が現代風にわかりやすくアレンジされている。

一　目の前の食べ物は、全宇宙、地球、空、数えきれないほどの生き物たち、多くの努力と愛ある働きによってもたらされた恵みです。

二　この食べ物を受けるにふさわしいよう、感謝して食べ、生きることができますように。
三　むさぼりなどの心の働きに気づき、変えていくことができますように。そうした不健全な心を離れて食事に専念できますように。
四　食事は心身を保つために必要な薬です。味や量にこだわらず、地球を癒やし、守るような食べ方を実践し、慈悲の心を生かすことができますよう。
五　自分の道をまっとうし、命あるものの役に立てるように、この食べ物をいただきます。

唱え終えたら、目を閉じて一度呼吸をして。感謝を込めて食べはじめる。

「いただきます」
この言葉は、「ぼくたちの暮らしでは、すでにたくさんの奇蹟が起きていて、いままさに口に運ぼうとしている食べ物が目の前にあることは、けっして当たり前ではない」ことを教えてくれる。

「〝いただきます〟にどんな思いを乗せたいですか？」

#11 ほんとうにオーダーするの？

東京にいれば、世界各地の料理を食べられる。だけど、食べるだけでは感じられないものもたくさんある。

町を歩き、その土地の風を浴び、香りを嗅ぎ、身体の感覚をすべてつかって行う食事は感動を与えてくれる。オリオンビールであれば、東京で飲むよりも、沖縄で飲んだほうが3倍美味しい。

ぼくが旅をするたのしみは、その土地の料理をいただくことだ。

パリのサンジェルマン通りにある小さなお店に入ったぼくは、〝ここではどんな食事を出してくれるのだろう〟と、その土地の旬な料理との出会いをたのしみにしていた。

フランスの食はユネスコの世界無形文化遺産にも登録され、彼らは家族団らんの食事を大切にしているという。その食文化はほんとうに豊かだ。

村ごとに特徴的なチーズがひとつはあるといわれるほど、チーズの種類は多い。食材や季節にあわせるソースは、細かいものまで含めると７００種類以上もあるという。シンプルに焼いた魚や肉であっても、さまざまな味わいをたのしめるのだから、「ソースが命だ」と言われるのもうなずける。

さて、ぼくがお店のスタッフに本日のおすすめを訊ねると、「アンドゥイエットだ」と言う。「じゃあ、それを」と注文したところ、「ほんとうに頼むの？」と聞き返された。ぼくは驚いて「え、おすすめなんでしょ？」と言うと、匂いがとにかく強烈で、フランスでも超がつくほどクセのある料理なのだという。

アンドゥイエットは、豚の腸に内臓（胃や小腸や大腸）を詰め込んだソーセージ料理だ。主にトロア、リヨン、トゥール、オルレアン地方で広く親しまれているという。

せっかくだから、「アンドゥイエットにします」とスタッフに伝えた。

しばらくして、目の前に運ばれてきたその料理の見た目は、美味しそうなソーセージにしか見えない。けれど、ナイフとフォークを入れ、口に近づけた途端に鼻がもげるような強烈な香りが襲ってきてむせてしまった。そんなぼくの様子を見ていたスタッフは〝だから言ったでしょ？〟といわんばかりにニヤニヤしていた。

だけど、これがほんとうに美味しかった。

もし「人生最後の日になにを食べたい？」と聞かれたら、トップ10にランクインする。数年経ったいまでも、その匂いと味は一瞬で蘇る。

そんなに匂うというのなら、下処理などで取り除いたらいいんじゃないの？と疑問に思う人もいるかもしれない。

でもそれには反対だ。匂いも味の一部。

あの匂いがなければ、アンドゥイエットじゃないんだ。

「あなたが忘れられない料理はなんですか？」

#12 ぼくらの心をつかんで離さないソウルフード

名古屋で生まれたぼくは、八丁味噌とともに大きくなった。

こんにゃくにつけた味噌田楽に、豚カツにつけた味噌カツ、豚もつを煮込んだどて煮。どれも定番の名古屋めしだ。白いご飯に八丁味噌をのせて食べることだって珍しくない。

小学5年生のときに東京に引っ越してきたぼくは、コンビニで買ってもらったおでんに味噌をつけてもらえないことを知って、ひどくがっかりしたものだ。


でき得る限り素材の味を生かそうとする日本料理のなかでも、八丁味噌は主張の強い調味料だ。名古屋の食べ物は味が濃いと言われることが多いけれど、「八丁味噌のもつ豆由来の旨味とコク、独特の渋みが強い」が正しい表現なのかもしれない。

このように八丁味噌は、名古屋生まれのぼくにとっての絶対的なソウルフードだ。


それともうひとつ、ぼくの心を動かすものがある。きしめんだ。うどんを平たく伸ばした形のそれは、幼いころの食卓に並び、ぼくたち姉弟を喜ばせてくれた。

そんなきしめんも、いまでは提供するお店は減ってしまったのだという。

それもそのはず、きしめんは至って生産効率が悪い。

おなじ小麦量なら、一般的なうどんの半分しかつくれない。しかも、2倍もの塩が必要だ。作業工程も多く、コシを生み出すためには十分寝かせて熟成させなければならない。そのための技術も相当のものだ。

それなのに販売単価は、うどんとそう変わらない。これだけの手間暇がかかるのに、利益が少ないのだから、お店が減ってしまうのも無理はない。


だけど、この「きしめんのひみつ」を知ってからは、よりいっそう好きになった。

たいへんなことがいろいろあるはずなのに、美味しいきしめんをつくってくれる人に感謝を伝えたいという思いもある。


効率や利益だけを考えるのなら、きしめんは分が悪い。

しかしそれでもなお、きしめんに愛情を注ぎ、届けようとしてくれている人がいる。


「お店を選ぶとき、あなたが大事にしたいことはなんですか?」

#13 慣れたらきっときみも好きになるよ

「紅茶にミルクはいれる?」

夕食を済ませると決まって聞いてくる彼の質問への正しい答え方は、「イエス」の一択だ。万が一にも「ノーサンクス」なんて答えてはいけない。イギリスの空模様のように彼の表情はどんよりと曇り、その後の会話もたどたどしくなる。

ロンドンで数か月シェアハウスで暮らしていたときのこと。シェアメイトの彼はミルクティーとプレイステーション・ゲームをこよなく愛していた。お家でゲームに夢中になりすぎて、約束していた時間を過ぎてもレストランに現れなかったこともある。

イギリスにマーマイトという発酵食品がある。

ビールの製造過程で生まれる酵母の沈殿物に、砂糖や塩を加えて煮詰めたものだ。強い塩気と発酵食品独特の甘みや苦みが特徴的で、トーストやサンドイッチにぬって食べるのが一般的だ。

さらに言うと、マーマイトは好きか嫌いかが極端に分かれる食品でもある。メーカーもわかっているから、「Love it or Hate it!」などと（ちょっと挑発的な）キャッチコピーをつけて売り出している。

シェアメイトだった彼は、このマーマイトが大好きだった。

自分が大好きなものは、だれかに紹介したくなるものだ。彼もそうだ。だから、彼の勧めるままに食べてみた。しかし、一口で遠ざけた。

はっきりいって、不味い。ぼくは苦手で嫌いだ。好んで食べようとはまったく思わない。

その後も「慣れたら美味しくなるよ」と勧めてきては、ぼくをすこし困らせていた。

しかしそれと同時に、自分の好き嫌いの殻に閉じこもろうとするぼくを、外の世界へと引っ張り出してくれもした。


「どうしてもだれかに好きになってほしい食べものはなんですか？」

たしか8歳くらいのころだったと思う。夏休みに岐阜に住むおじいちゃんたちの家に滞在していたときのことだ。

「結婚したお嫁さんがいるから、お菓子をもらいにいくよ」

お昼ご飯を食べさせてもらって、ぼんやり蝉の鳴き声に耳を傾けていたぼくは、おばあちゃんが言ったことがよくわからなかった。

手を引っ張られるままに外に出ると、大きな袋をもたされた。

その後、両脇に広がる畑のあぜ道からすべり落ちないよう気をつけながら、おばあちゃんの後を追うようにして自転車のペダルを漕いだ。

新婚さんのお家らしきところに近づくと、そこにはたくさんの人だかりができていて、みんな家を見上げていた。屋根の平部には男の人たちがずらっと並び、あれは新郎新婦の親戚の人たちだったのだと後から知った。

古い風習の一つに「菓子まき」がある。昔は全国各地で行われていたらしいが、いまでは名古屋や尾張地方の風習として残っているくらいだ。その由来は諸説あるのだけど、家を新築する際の上棟式で行っていた「餅まき」がルーツだという説。それともう一つが、「花嫁菓子」と呼ばれる習わしだ。

昔、花嫁は実家を出て嫁ぎ先へ向かうという花嫁行列という儀式があった。花嫁は違う村の若者のもとに嫁ぐから、村から人が減ってしまう。だから村人は行かせまいとして花嫁行列を通せんぼする。花嫁は通してほしいからお菓子を配る。これが形を変えて定着したのが、「菓子まき」になったという説だ。

どうやら、この地域の風習は、この二つの説が混ざり合ったものらしい。

「こっち、こっちー！」

家を取り巻く人たちからの呼び声に応えるように、自分の背丈よりもはるか上空の屋根からたくさんのお菓子が降ってくる。しかも、小分けにされたいまどきのお菓子なんかじゃない。どれも大入りサイズ。頭に当たったら痛い。

大人も子どもも入り乱れ、みんな汗だくになってお菓子を拾っては持参した大きな袋に詰めていく。時間にして15分くらいだったろうか。なかなか見応えのある争奪戦だ。

それともう一つ、ぼくを驚かせたことがある。それは、放り投げられたお菓子の総額が、実に20万円以上にものぼるということだ…。

令和の時代になったいまも、披露宴やアフターセレモニーの演出として、菓子まきをプログラムに取り入れている結婚式場もあると聞く。

お菓子をゲストにまくのは、結婚するカップルからの幸せのおすそわけ。

大人も子どもも混ざって、みんながこぞってキャッチする姿は、なんだか微笑ましい。

「あなたはだれと幸せを分かち合いたいですか？」

#15　シーミーはピクニックさー

執筆に行き詰まるたびに、ぼくは近しい人たちに質問して回る。興味深い話やヒントを得られると、再び筆を進める。いろんな人の力を借りながら、ぼくはこの本を書いている。

「思い出に残っている食事って、なにかありますか？」

このとき訊ねたのは、（先日、1周年を迎えた）ぼくがひいきにしているカフェのオーナーだ。

「そんなふうに聞かれると、意外と思い出せないものだね」と彼は言って、目線を上にあげた。「あぁ、あれだ、あれ。シーミーだなー」

旧暦の3月上旬、沖縄ではシーミー（清明祭）と呼ばれる一大行事が行われる。もともとは、中国から伝わってきた清明祭の様式と、先祖を大事にする沖縄の文化がフィットしたものだといわれる。

簡単に言えば、お墓参りなのだけれど、ぼくたちが知っているのとは様相がちょっと違う。

「シーミーはピクニックさー」

みな、口々にそう言う。

シーミーの日には、重箱料理を風呂敷で包み、たくさんの果物やお菓子を手にした家族や親族がご先祖を祀る墓に集まる。お酒も欠かせない。なかにはバーベキュー台をもち込む人たちもいる。

お墓を前に一堂に会すと、ご先祖様に挨拶し、宴《うたげ》がはじまる。厳かな雰囲気など微塵もない。故人に思いを馳せて神妙にする者もいない。

それはそれは賑やかで、たのしいひとときだ。美味しい食事に舌鼓、お酒を酌み交わしながら陽気に語り合い、今年もまたこうして集まれた喜びを分かち合う。

お墓の前でしんみりしていたら、ご先祖様が心配するさー。

みんなでご馳走を食べ、歌をうたい、拝み、おしゃべりする。それがいいさー。

「あなたはご先祖様とどんな時間を過ごしたいですか？」

#16 蒸し器をもらったんで、小籠包の会やりません？

島で食べられないものに目がない。その筆頭が中華や小籠包で、「新しい食事処ができるらしいよ」と耳にするたびに〝中華かな？〟と気にしている。

小籠包の会。
海外で暮らしていたときでさえ身近にあった料理が、ぼくの住む島にはない。
だからこそ、あの肉汁がジュッと染み出る焼売を食べられることに特別な想いも浮かんでくる。

これは「あえてつくってみる」という選択からも、おなじことを感じられるかもしれない。

スーパーやショッピングモールに行けば、
気軽に手に入るお惣菜たちも、
自分でつくってみることを選択すれば、」

食材はなんだったっけ？
どう調理すればいいのだろう？
どうすればもっと美味しくなるかな？
こんな「問い」が生まれ、よりいっそう興味が湧いてくる。

「このグリーンピース、うちの畑でできたやつなんですよ！」

えっと、グリーンピースか……ぼくが苦手としている食材のひとつだ。
それなのに、「うちの畑で」と言われた途端、美味しく食べられてしまうのだから、不思議なものだ。

「あなたが、あえてつくりたいものはなんですか？」

#17 あぁ、まただめにしちゃった

「よし！　今週の料理に使うぞ！」そう思いながら張り切って買った食材なのだけど、使い切れずに腐らせてしまう。だれしもそんな経験があるはずだ。

だけど、無駄にしたいと思って買ったわけでは、もちろんない。

〝さぁて、料理しますか〟と思った矢先、外食の予定が突然入った。次の日は〝なんとなく、それじゃない気分〟で、ほかの食材を使ってしまった…。

そうしているうちに、調理されないまま冷蔵庫の奥底に追いやられ、ある日、気づいたら嫌なにおいを放っている。

「あぁ、またダメにしちゃった」

もはや捨てざるを得ない食材たちだ。

ぼくの場合はスパイスがそう。美味しそうなレシピを発見しては買い揃えるのだけど、ほとんど使い切れないまま賞味期限を迎えてゴミ箱行き。

出張先のコンビニではつい、飲みきれないのに1・5リットルの水を買ってしまう。

500ミリ・リットルの水よりも割安で売っているからだ。

まだ食べられるにもかかわらず、廃棄される食べ物は、年間で646万トンにものぼるという。これは、日本人が茶碗1杯分（約140グラム）の食料を毎日欠かさず捨てるのとおなじ量だ。

自分のことを棚に上げて言うのもなんなのだけど、ほんとうにもったいない。

けれど、家庭や暮らしのなかで、廃棄や食品ロスを減らす方法はある。それは「必要な分だけ買う」ことだ。量り売りなどを利用すれば、それはできる。

フランスでは、量り売りが市民権を得ている。

1980年代にオーガニック店からはじまった。2019年にはオーガニック店の88％、大手スーパーの70％が量り売りを導入し、全世帯の40％が利用しているという。

青果はもともと伝統的に量り売りをしていたから除くとして、ナッツや穀物、子どものお菓子も量り売りだ。

かつては日本だってそうだったはずだ。自分たち家族に必要な分だけ買う文化があった。

江戸時代まで時間を巻き戻してみよう。

菜売り、芋売り、あさり売り…食材ごとに幕府の鑑札を受けた行商人が、毎日、各所を回っては量り売りをしていた。地域の人たちは、そのつど自分たちの必要な分だけ買うことができた。買いためる必要なんてなかったし(冷蔵庫なんかないから腐ってしまうし)、自前の容器を持参していたから、現代のように商品容器やビニール袋などを捨てる必要もなかった。

そこまで遡らなくったっていい。行商の量り売りは、昭和30年代ごろまではごく普通の暮らしのなかにあった。夕暮れどきになると、ラッパの音が鳴り響く。お豆腐屋さんがやってきた合図だ。行商ではないけど、量り売りをしている肉屋さんや魚屋さんは、いまもある。

必要な分を買うには「これで十分」という感覚が必要だ。〝せっかくだから〟とか、〝念のため〟とか、〝まとめ買いしたほうが安上がりだから〟なんて考えが脳裏をよぎると、ぼくらはつい必要以上に買いそろえては無駄にしてしまう。

「必要な量を知るためにできることはなんですか?」

＃18　まとめ買いをするなら、長持ちさせればいい

たしかに、廃棄や食品ロスを減らすには、必要な分を必要な分だけ買うのが一番なのだけど、忙しい暮らしだからまとめ買いしたいときだってある。そんなときは、食材を長持ちさせる工夫を考えたい。

高温に弱い食材もあれば、低温に弱い食材もある。空気に触れることで酸化が進む食材もあるし、湿度が原因で傷みが早くなる食材もある。

適切な保存方法は、食材ごとに異なる。

にんじんは新聞紙にくるんでポリ袋に入れ、冷蔵室で立たせて保存する。大根やかぶといった葉つきのものは、茎を3センチほど残して切ってから保存する。葉がついていると、根の水分が奪われてスカスカになってしまうからだ。

にんにくや玉ねぎはネットに入れて吊るし、バナナはフックにかける。トマトやなすは新聞紙やペーパータオルでくるんでかごに入れ、いも類は段ボールに入れたうえで、新聞紙をかぶせて保存する。

いずれも手間だけど、ていねいに扱うことでより長持ちするし、美味しく食べられる。

サッカーコーチをしていたころのことだ。元日本代表選手の元でアシスタントをさせてもらっていたことがある。そのときに感じたのは、素晴らしいアスリートの多くは、物を大事に扱っているということだ。

自分のシューズは、その日の練習や試合が終わると、必ずお手入れをしていた。スポンサーから新しいシューズを年間何足もただでもらえるというのに…だ。

彼らはみな、シューズを相棒として愛《め》で、長く使いつづけることに価値を見いだしていた。

当時、〝目の前にある一つひとつを大事にする姿勢こそが、高みに連れて行ってくれるんだろうなぁ〟などと感じていたくらいだ。

毎日、シューズを磨く選手たちの背中は、神々しく光って見えた。

「より長く使うためにできることはなんですか？」

#19 もしこれが、最後のご飯だとしたら

「もし、地球がなくなるとしたら、最後のご飯はなにを食べたいですか?」とぼくは若い女性に訊ねた。船の訪れを島に報せる汽笛の音が響いたときのことだ。

「そうですね」と言って、ひとしきり考え込んだ彼女はこう答えた。「最後になるとしたら、やっぱり母の手料理が食べたいですね」

この質問の答えには、その人の大切にしている価値観やこだわり、人生観が滲み出る。

トントントン。ザクッ、ザクッ。ジュー。

台所から聞こえる包丁で食材を刻む音、フライパンで炒める音、玄関の扉を開いて「ただいまー」と口にした瞬間に香ってくるお味噌汁やご飯のにおい。手を洗い、お風呂からあがって、宿題を片づけているときにふと感じる、台所の母の気配。家族との食事。そこにはやわらかさとやさしさがあふれている。それらをぼくらは、愛情と呼ぶのだろう。

人生最後の日か…ぼくだったら、いったいなにを食べたいと思うのだろう。人に質問するばかりで、自分ではちゃんと考えたことがなかったな。

すぐに頭に浮かぶのは、ちらし寿司か手巻き寿司だ。誕生日や運動会の日など、お祝いの日には必ずと言ってよいほど食卓に並んだご馳走は、特別な食事として記憶されている。だけど、最後だから食べたいの?と聞かれると、複雑な気持ちにもなる。だって、食べたいんだったら、今日だっていいじゃないか。

「人生最後のご飯はなにを食べたい?」という質問には、きっと〝だれと食べたい?〟という問いも隠れているのだろう。

「明日死ぬとしたら、生き方が変わるんですか?」

これは、伊坂幸太郎さんの小説『終末のフール』(集英社、2009年)に登場する台詞だ。思い出すたびに、ぼくの暮らしや生き方を揺さぶってくる。

もし明日がほんとうに最後なのだとしたら、今日、悔いの残らないご飯を食べたい。この思いには、大いなる言いわけも含まれているのだけど…。

「もし明日死ぬとしたら、今日なにを食べたいですか?」

#20　どうすれば身長が伸びるの？

ぼくはスタッフと共に「しつもんメンタルトレーニング®オンラインアカデミー」を開講している。対象はスポーツが大好きな小学3年生から中学3年生の子どもたちだ。まだまだ小さな活動だけれど、週に1度、彼らと顔を合わせる時間は、ぼくにとってかけがえがない。

サッカーコーチをしていたころは、それこそ毎日子どもたちと会っていたわけだけれど、ここ数年その頻度は、指導者のみなさんや保護者のみなさんとの時間に変わっていた。もちろんその機会だって、とても光栄で貴重なもの。

ぼくたち大人が自分らしく、暮らしのなかにある豊かさに思いを巡らせることは、子どもたちにとってもとても大きな影響をもたらしてくれる。お母さんやお父さん、学校の先生やスポーツ指導者がご機嫌でいることは、すごく重要だ。

ＩＴ系の企業で営業をしていたころ、先輩から何度も釘を刺された言葉がある。「お客様に対して専門用語を多用しないように」と。ビジネスの世界でよく言われる「小学生でもわかる言葉でわかりやすく伝えなさい」と同じ趣旨だ。

成熟した大人に比べ、子どもたちに対して適切になにかを伝えることむずかしい。高度なノウハウを必要とする。大人はなんとなく文脈を汲み取ってくれたり、理解していなくても理解したふりをしてくれたりするけれど、子どもはそんなことなどしてくれない。伝え方が悪くて興味をもってくれなければ、すぐに彼らの関心は地面を這うアリンコや、空を気持ちよく舞う鳥たちに奪われてしまう。当然、練習にも身が入らない。

だからこそ、子どもたちとの時間はとてもクリエイティブだ。

ある男の子に「きみはいま、どんなことに興味あるの？」と問いかけてみたことがある。すると彼は、即座にこう聞き返してきた。

「どうすれば身長が伸びるの？」

どうやらその方法にめっぽう興味があるらしい。

将来、ウィンブルドンでプレーできるようになることを夢見る彼は、高身長から振り下ろされるサーブの価値を知っている。第二次性徴期を迎えているいま、自分にできることはなにかを心の底から知りたいと思っている。

スポーツの世界では、リカバリーを目的とする栄養補給をとても重視している。練習や試合が終わった後、できるだけ早いタイミングで（できれば20分以内に）、エネルギー源となる糖質や、体をつくってくれるタンパク質を補給する。

１００％果汁のオレンジジジュースと鮭おにぎり。糖質とタンパク質を３：１の割合で、ご飯やパン、麺や果物と、お肉や卵、乳製品をとる。

適切に栄養を補給してリカバリーできれば、家で食べるご飯の栄養分はまるごと自分の身体を成長させるエネルギーになる。そうできなければ、その栄養分はリカバリーに使われてしまい、成長するために必要なエネルギーに回されない。

身長や骨格は、遺伝によるところが大きい。どれだけ適切なタイミングで栄養を体内に取り込んでも、どうにもならないことはざらにある。だけど、自分なりにできることを見つけ、取り組もうとするその子の姿勢は、ぼくに強い刺激を与えてくれている。

「どんな食事があなたを回復してくれますか？」

#21　手間をかける新鮮さ、モノが循環する美しさ

沖縄の自宅には、炊飯器と電子レンジを置かない。

沖縄と海士町の二拠点で暮らしはじめたとき、決めたことだ。

もし、余計なストレスを減らしたければ、沖縄の自宅にも炊飯器と電子レンジを置いたほうがいいに決まってる。沖縄と海士町とでは間取りも気候も違うけれど、おなじものを置いておけば、いちいち使い方に戸惑うことはない。

ほんとうのことを言うと、別に炊飯器と電子レンジでなくてもよかったのだけれど、拠点ごとにメリハリをつけたいと考えたからだ。新鮮な気分を味わうことができるだろうし、暮らしの不便さも味わえるはずだ…と。

ごはんは土鍋で炊く。手間はかかるけれど一粒一粒が輝いていて、見ているだけで気分が高揚する。電子レンジなら2分とかからない冷凍したごはんの温め直しも、土鍋だと倍以上の時間がかかるが、それもまた悪くない。

人口2300人の海士町の暮らしは、都会にいるときよりもコミュニティの豊かさ、地域に暮らすおもしろさを教えてくれる。

たとえば、海士町の自宅にある冷蔵庫や電子レンジは、離島する方から譲り受けたものだし、テーブルに並ぶ食器たちは、もう使わないからと地域の人たちからいただいたものだ。古着を譲り受けたこともあるし、車を譲ってもらった友人もいる。

ぼくは小さいころ、古着の街で育ったからか、「まだ使えるのに捨てられてしまうのはもったいない」と思ってしまう。それがぼくの手もとにくるのなら、喜んで使いつづけたい。そんなふうに、島のなかをぐるぐると、「モノ」が循環している姿を、ぼくは美しいと感じる。

効率化が進み、変化のスピードが速いこの時代において、あえて手間のかかることを選択し、ゆっくり時間をかける。小さな戸惑いも見方を変えれば、驚きと新鮮さが生まれる。

「あなたが循環させたいことはなんですか?」

#22　どんな食事でも美味しくいただくのがイチバン！

「食事の本を書いている人の前で、なんだかすみません」

カップ麺とおにぎりを頬張りながら、申しわけなさそうに彼が言った。


都市に住んでいれば、食事は選びたい放題だ。

お腹が減ったら、〝自分が食べたいのはなにか？〟と自分に問いかけて足を運べばいい。

そのときの気分にあった食事を、ぼくたちはたのしむことができる。おそばに青椒肉絲、ハンバーグにステーキ。オーガニックにビーガン。なんだってある。

だけど、離島をはじめとする地方では、そうはいかない。


やわらかい風と肌をさす陽射しが強かったある日のこと。

お昼にお弁当を食べようと商店に入ったら、まだ12時になったばかりだというのに、お弁当はみんな売り切れていた。仕方がないので、近くの食事処を覗いて回ってみたけど、どこも満席。すぐに手に入るものといえば、カップ麺くらいだった。

ぼくたちの身体は、日々、自分が食べたものでできている。だから、できるだけ自分の身体によい影響を与えるものを食べるほうがいい。けれど、望むような食事にありつけない日だってあるし、ジャンクフードでお腹いっぱいにしたい日もあるはずだ。

だからどんな食事でも、ぼくは美味しく食べたい。

そりゃあ、毎日カップ麺やファストフードを食べるのは考えものだ。けれど、いったん食べると決めたら〝きっと身体によくないんだろうなぁ〟などと野暮なことは考えない。自分が心地よければ、それでいいじゃないか。

「これが好き」「これを大切にしたい」ということだわりはとても素敵なものだ。自分らしさでもある。けれど、それをだれかに求めすぎてしまうと、一気に執着へと変わり、相手にも自分にも重くのしかかってくる。

どんな食事だって、いつでも美味しくいただきたい。

「心地よく、食事をしていますか？」

#23 客観的な視点をもつことが、自分を知るきっかけになる

島にあるカフェでハーブティーを飲んでいたときのこと。

近くの席からこんな声が聞こえてきた。

「いくら無料だからといって、自分の骨密度が低かったらイヤじゃないですか」

どうやら向かいに座っていた友人から検診の誘いを受けたらしい。どうにも気が進まない様子だったけど、結局は友人と連れだってカフェを後にした。

自分のことを知ることは、豊かさや幸せにつながるとぼくは信じている。どんなことに誇りや怒りを感じるのか、どんなことで胸が高鳴るほどの喜びを感じるのか。自分のことを立体的に知れば知るほど、そのおもしろさは深みを増していく。

そのためには客観的な視点をもつことも重要だ。それが、自分を知るきっかけになる。

スポーツの世界では、試合中の走行距離やスプリントの回数、心拍数などを測る。客観的で正確なデータは、トレーニングを充実するものさしだ。

もし試合中、ベンチでウォーミングアップをしている選手の心拍数が高すぎれば、過緊

張のサインだ。選手がいくら「大丈夫です！」と言っていても、心拍数のほうは「ちっとも大丈夫じゃない！」と言っている。どちらが正しいかは、火を見るより明らかだ。

食事もおなじ。血液や尿・便を採取して検体を調べれば、現在の自分の腸の状態や、必要な栄養素、アレルギー反応が出てしまう食べ物を知ることができる。客観的なデータが、どんな食事を自分は必要としているのか（または不要なのか）を教えてくれる。

自分の身体の状態に対する感度が高く、日々、丁寧に過ごしている人であれば、こうしたバイオロジカル検査は必要ないかもしれない。けれど、体調を崩さないと身体のサインを受け取れないぼくのような鈍感なタイプは、定期的に検査し、客観的なデータに基づいて判断するほうが間違えずに済む。たとえ、検査結果が望むものではなかったとしても、身体の現在地を正しく認識することができる。

しばらくして、骨密度の検診を嫌がっていた女の子がカフェに戻ってきて言った。

「同年代の平均よりも高くてほっとしたよ。よかった！」

「自分の状態を正しく知るために、なにをしたいですか？」

#24　そこでしか味わえない特別な体験

心躍る買い物がある。

そのひとつがマルシェだ。

マルシェでは、予期せぬ「こだわりの逸品」と出合うことがある。採れたての果物や野菜、ハンドメイドの雑貨や絵画など、実にさまざまだ。

オーストラリアのバイロンベイのマルシェでは音楽を売っていた。マウイ島のマルシェで買ったホワイトセージやキャンドルは、ぼくの心を癒やしてくれた。いずれもスーパーや量販店では見かけることのない、マルシェならではの品々だ。

マルシェとはフランス語の「市場《いちば》」を意味する言葉だ。「アンファン・ルージュ」（「赤い子どもたち」）がはじまりとされ、その起源は1600年代にまで遡る。当時、修道院に併設されていた孤児院で、子どもたちはみな赤い服を着ていたと言う。フランスで「赤」は慈善を意味する色だ。

マルシェは、すべての人に必要なだけの品々を提供するという目的のもとで発展してきた。純粋に商業目的であれば、これほど人々に愛される場にはなっていなかっただろう。

フランスのマルシェは、パリだけでも80か所以上で開催されている。同じ日の同じ時間帯であることから、日常の暮らしに溶け込んでいる。それに対して日本のマルシェは、週末に開催されることが多く、イベント的な色彩が強い。

このように違いもあるけれど、共通することもある。それは、単に買い物をたのしむだけでなく、市民の憩いの場であり、コミュニケーションの場になっていることだ。

つくる人とつかう人。生産者と消費者が直接、接点をもち、顔なじみとなり、利用するほどに信頼関係が築かれる。お互いに顔が見える買い物ほど気持ちがいいものはない。マルシェでの体験にすっかり味を占めたぼくは、顔の見える小さなお店に愛着を覚えるようになった。

全国各地にある大きなチェーン店で買い物をするのも悪くない。けれど、顔の見えるお店での食事や買い物は特別な体験となる。

「どんな買い物が、あなたの心を豊かにしますか？」

#25 自分が提供する側に回って気づくこと

ベイクショップにカレー、コーヒーにオーガニックの野菜たち。

島で1か月に一度、ぼくは友人たちとマルシェを開いている。

といっても、ぼくは島にいないことが多いから、口を出すだけになってしまうことも少なくない。けれど、ぼくたちにとってはもちろん、島の人たちにとってもたのしみにしている日だ。

島のマルシェでは、飲食店を経営しているプロの出店者もいれば、その日だけ出店するぼくたちのような人もいる。真冬にビーガン・アイスクリームを販売したこともあったし、島では食べられない「沖縄そば」を友人たちと出店したこともある。

なにを出店するかを決めたら、少しでも満足のいく味に近づけるために、みんなで家に集まり、試行錯誤を繰り返す。それはたのしいひとときだ。だけど、たのしいからといって、うまくいくとは限らない。むしろ、想像もつかないイレギュラーがたくさん起こる。

たとえば、具材や容器の仕入れだ。なにしろ、素人のぼくたちには1日にどれくらい手にとってもらえるのか見当がつかない。

手際だってもちろん悪い。友人はたこ焼き屋さんを出店したことがあるけれど、焼き器の不具合で結局ひとつもたこ焼きを焼けなかった。

こんなふうに、ぼくたちの出店は実に効率が悪い。


でも、効率が悪いからこそ生まれるものもある。それは、一緒に試行錯誤した仲間たちとの関係性だ。


容器はどれに入れるんだっけ？

お金の受け渡しはだれがやるの？

一人前のそばの量はどれくらい？

あーだこーだと仲間たちとやりとりしているうちに、お互いの関係が深まっていく。


1年に1度行われる、集落ごとの盆踊りもそうだ。

紅白ののれんはどこにいった？

やぐらを建てる場所って、ここでよかったのか？

年中行事のはずなのだけど、すっかり忘れてしまって、毎年おなじやりとりを繰り返す。

〝そんなに忘れちゃうんなら、マニュアル化しておけばいいのに〟などと東京から移住してきたぼくはつい思ってしまう。けれど、「効率的にそつなくこなそうとするほどに失うこともあるよ」と教えてくれた人がいる。

素人ながらも自分たちがお客さんに食べ物を提供する側に回ることで見つけられるものもある。それは、自分が買う側に回ったときの気持ちだ。

野菜であれなんであれ、普段、買い物をしている際にぼくたちが気にしているのは、値段や賞味期限、産地といったところだろう。実はこのとき、肝心なことに気が回っていない。それは、商品の向こう側にいる人たちのことだ。

一生懸命つくってくれている人たちがいる。それを運んできたくれた人たちがいる。ぼくたちが手に取りやすいように並べてくれている人たちがいる。目の前にある商品は当たり前にあるわけではない。

地域の祭りだってそう。何か月も前から準備してくれている人たちがいる。

「効率が悪いからこそ、手に入れられるものはなんですか？」

#26 うつわは壊れるものなんだ

お茶碗や湯飲み、お皿にお箸。

毎日の暮らしのなかで手に触れるものや目にするものは、よいものを置いておきたい。

お客さんのためじゃなく、ぼくたち家族のために。

うつわひとつが変わるだけで、なんでもない炒め物も美味しそうに見せてくれる。テイクアウトしてきたスイーツや和菓子も、お気に入りのうつわに乗せた途端に気分がぐんと高まる。

不思議なものだ。

沖縄にはやちむんと呼ばれる陶器がある。

沖縄の方言で「やち＝焼」「むん＝もの」を表し、力強い絵づけとずっしりとした厚みが特徴だ。読谷村で行われるやちむん市には、全国各地から人が集まる。県内にはやちむんで料理を提供してくれる飲食店もたくさんあって、素敵なうつわをみつけては〝これはどの作家さんがつくったものなのだろう？〟と裏側をのぞき込むたのしさもある。

「ふだん使うものはよいものでなくていい」と言う人もいる。大事にしてきたものが割れたら、悲しい思いをしてしまうから、というのが理由だ。

気持ちはわかる。ぼくもかつてそうだった。でもいまは、それとは違う考えをもっている。


「うつわは壊れるものなんだ」


そう口にしたのは、海士町でうつわをつくっている友人だ。

島の土、島の釉薬《ゆうやく》、島の恵みだけでつくった彼の作品は、どこにいても海士町のことを感じられるし、ふぅ、と深呼吸する余白をくれる。


食事は毎日、すること。命を維持するために必要なことだ。けれど、それだけじゃない。

ぼくたちが豊かに暮らすための大切な時間にしたい。

あなたはどんなうつわに、魅力を感じるだろう。

そのうつわで食事をするたびに、元気になるものはどんなものだろう。


「毎日、使うものをどのように選んでいますか？」

#27 「旬」の恵み

〝今日はサラダをつくろう〟と思いついたら、スーパーで手に取るのはトマトにきゅうり、レタスにパプリカだ。それぞれ切ってお皿に盛りつけ、ドレッシングをかける。

これが、ぼくのサラダレパートリーだった。

けれど、ぼくが移り住んだ離島の商店には、季節のものしか並んでいない。時期によっては、白菜しか売っていないこともあった。

本土のスーパーと違って、「今日はこれが食べたい」が通用しない。レシピ重視で暮らしてきたぼくからすると、なんともおもしろみに欠け、戸惑ってしまった。

そんなぼくも、この歳にしてようやく「旬」というものを意識するようになった。島の環境に馴染んだからだろうけど、すぐに馴染めたわけじゃない。

幼いころの記憶をたどっても、思いつくのは春のつくしと秋のサンマくらい。家には旬のカレンダーみたいのもあった気がするけれど、スーパーに行けば「旬」じゃないはずの食材が、春夏秋冬いつだって売られている。小さかったぼくには、なにがなにだかよくわからなかった。

そのあともずっと「その日に食べたいと思ったものを食べる」ことに慣れてきたぼくにとって、「旬」という言葉は食品会社の売り文句にしか思えなかった。


けれど、たしかに「旬」はある。

春にはたけのこやさやえんどうが芽吹き、夏にはトマトやきゅうりやナスが立派に育つ。秋にはさつまいもやにんじん、里芋が育ち、冬には大根、白菜、ねぎたちが大きくなる。


「旬」とは、食物が自然に成熟する時期のこと。

ほうれん草はスーパーで年中見かけるけれど、秋から冬にかけて市場に出回るほうれん草は、夏に収穫したものより5倍も栄養価が高いという。

「旬」の食べ物は、暑い季節には身体を冷ましてくれるし、寒い季節には温めてくれる。甘みやうまみも増していて、ぼくたちの身体を元気にしてくれる。


「いま、旬の食べ物はなんですか？」

#28　味わうということ

海外のレストランを訪れると、料理の写真がメニューに載っているのは、ファストフード店やチェーン店くらいだ。多くの店では料理名と簡単な説明文しか書かれていない。パンケーキレストランであれば、「果物、穀物、シリアル」「トースト」「クラシック」といったカテゴリーや原材料が表記されているくらい。

だからぼくたちは、スタッフと言葉を交わしながらイメージを膨らませ、どんな料理なのか解像度を上げていく。こうしたことも、食事のたのしみなのかもしれない。

「これ、なんの食べ物かわかりますか?」真っ暗闇のなかで彼女は言った。

まっくらやみのエンターテイメント・ワークショップに参加したときのこと。暗闇のなかで彼女から受け取ったなにかを口に入れ、それを言い当てるというものだ。

まず、舌の感触を頼りに口のなかで転がしてみる。

すこし噛んでみて広がる感覚と鼻に抜ける香りを確かめる。

これほどひとつの食べ物を丁寧に、繊細に、大事に味わったのはいつぶりだったろう。

ぼくたちは毎日、なにかしら口にしながら、それがどんな感触をしていて、どんな味がするものなのかを感じる経験を積んでいるはずだ。けれど、鋭くなるどころか、鈍くなっているのではないかと思えるくらい、目から得られる情報に頼りすぎてしまっている。

レストランメニューで写真ばかり見ていては、想像を膨らますことはできない。

料理を口に入れても、なにかほかのことに意識が向いていれば、一口ずつ丁寧に味わうことはできない。

そうしているうちに、大切ななにかを見落としているのかもしれない。

暗闇のなかで口にしたものはすぐにわかった。

この世界で、ぼくが大っ嫌いなものだ。

甘いけど渋く、噛むとぐにゅっとするあの感覚が、どうにも好きになれない。

「大切に味わって食べたいものはなんですか?」

＃29　残していきたいもの

いまではすっかり魚が身近になった。離島で暮らすようになってからだ。それまではあまり好きじゃなかった魚釣りも、船で沖に連れて行ってもらったのをきっかけに、そのおもしろさを知った。島の魚屋さんでは、切り身ではなく、まるまる一匹の魚が並んでいるものだから、自分で捌《さば》くようにもなった。

小学生を対象とした、ある年のランキングがおもしろい。好きな食べ物ランキング1位は「お寿司」。世の中に回転寿司が登場してからずいぶんと月日が経ち、安いだけじゃなくて美味しいお寿司が食べられるようになったことが人気の理由だ。嫌いな食べ物ランキング1位は「焼き魚」。小骨を取り除くのが面倒くさくて、食べにくいのが不人気の理由だ。箸を上手に使えない子どもが増えていることも一因かもしれない。実をいうと、ぼくもそんな一人だった。

日本人の魚離れが深刻だという。

世界に目を向ければ、健康志向の高まりとともに魚を食べる量は増えている。それに対して日本では、２００１年をピークに魚の消費量は減少しつづけているという。２０１１年には肉の消費量と逆転し、いまも好転しそうな気配はない。

たしかに魚は、調理も、保存も、食べるのも、その後の片づけも面倒だ。

鮮度管理を怠れば味が落ちるし、放っておけばひどい悪臭を放つ。

肉に比べて扱いにくいのは間違いない。

けれど、ぼくたち日本人は太古の昔からずっと魚を食べつづけてきた。一昔前であれば、海外の人から「日本人は魚臭い」と言われていたこともあるほどだ。

魚を調理して食べることは、単なる習慣ではない。文化だ。

海に囲まれ、水産資源に恵まれたぼくたち日本人を形づくってきたものだ。

魚の特徴を活かして切ることのできる刺身包丁などの道具。

江戸時代からはじまったにぎり寿司や、塩分と乾燥によって独特の食感と凝縮されたうまみを引き出す干物。

近海で獲れた小魚を長く保存するために生まれたカマボコなどの練り物。

鰹節をつかった出汁など、自然の恵みを余すことなく使う多彩な料理の数々。

上達すれば小骨もきれいにとれる日本独特の先が細い箸づかい。

こうした、魚を中心とするぼくたちの魚食文化も、やがては廃《すた》れてしまうのかもしれない。

時代が変われば失われてしまうものも、もちろんある。

けれど、意思をもって残していきたいと思うもの、残していけると思えるものも、きっとあるはずだ。

「これからも大切に残していきたい食文化はなんですか?」

#30　人生で一番おいしいショートケーキ

「よそはよそ。うちはうち」

幼いころ、ぼくはこの言葉が嫌いだった。

あるとき、みんながもっているゲームがほしくて、「Aくんももっているんだ。ぼくにも買って」とねだったことがある。すると親はこう言った。「よそはよそ。うちはうち」

ひとたびこの言葉が返ってくると、どうにもならない。いくら駄々をこねても、叶ったためしがない。そうするうちに、自分がしてほしいと思うことをあまり口にしない少年になった。

サッカーコーチをしていたときのことだ。フィールドの外で、子どもがお母さんに叱られている光景にでくわした。学校のテストが悪かったことを取り沙汰されていたようだ。

「Bくんは90点だったんだよ。なのに、なんであなたは平均点にもいってないの！」

それに対して、彼はこう返した。

「よそはよそ。うちはうち、でしょ？」

この言葉に、ぼくはたくましさを感じた。もしかすると、（かつてのぼくと同じように）母親から普段言われていたことを、ここぞとばかりにもち出したのかもしれない。するど、母親のほうはカチンときたようだ。「屁理屈、言うんじゃありません！」とさらに語気を強めていた。

よそはよそ。うちはうち。

この言葉はどこからやってきたのだろう。

だれかをうらやましがる、妬む、勝ち誇って優越感に浸る。

そんなことをつづけていては疲れてしまう。いいことなんてないはずだ。

だったら、「よそ」と「うち」を切り分けてしまえばいい。そうすれば、だれかと比較する必要がなくなる。一喜一憂しなくてすむ。

いまではそんなふうに考えるぼくも、幼いころは違った。

思い出深いことのひとつが「お誕生日会」だ。うちではそういう習慣があまりなかったから、お友達に誘われたびに〝いいなぁ〟と思っていた。

ことさら目を引いたのは、ろうそくを立てられたイチゴのショートケーキだ。ぼくには赤い宝石のように輝いて見えた。

30歳を越えたころ、ふとそのころの記憶が蘇った。このとき、当時のぼくが抱いていた思いにようやく気がついた。

〝あのときのぼくは、自分のお誕生日にイチゴのショートケーキを食べたかったんだな〟

そういえば、あのころからだったのかもしれない。自分の思ったことや考えたことを言葉にしないようになったのは…。大人の顔色ばかりうかがっていて、「そんなこと、言えばよかったじゃない」と言われるようなことも、口にするのをためらっていた。

おじさんと呼ばれる年齢になったぼくは母親に、ある日、勇気を奮い起こして頼みごとをした。

「次の誕生日はショートケーキでお祝いしてほしい」

すごく恥ずかしくて、部屋の天井を見ながら伝えた気がする。

けれどその年に食べたショートケーキは、人生で一番おいしいショートケーキになった。

「ほんとうはどうしても食べたいものはなんですか？」

#31 元旦に新しい自分に生まれ変わる

「お餅は何個入れる?」

東京の実家に帰り、駅伝のテレビ中継を横目に母の言葉を聞くと、〝あぁ、新しい1年がはじまったんだな〟と感じる。

元旦には年神さまが遠くからやってきて、新しい年齢をぼくらに一つ授けるという。12月にけじめをつけ、生まれ変わりの玉をもらうのが「お年玉」。いまではお金だけれど、むかしはお餅をもらっていた。稲には魂が宿るから、餅にも魂が宿る「稲魂《いなだま》」信仰だ。

年齢の数え方も、いまでは誕生日を迎えた日の満年齢だけれど、それまではずっと長いあいだ数え年だった。なにを数えているかといえば魂の数。生まれた年が1歳で、お正月を迎えるたびに、みんなで一つずつ年を取る。

年神さまがもってきてくれるのは、年齢だけではない。新しい年のよい運気、幸運な運勢だ。そのためにも、年末には大掃除をして心身を清めて門松を立て、大晦日には旧年中のよいことも嫌なこともいったんチャラにする。

大晦日から元旦は家族と家で過ごして静かに年神様の来訪を待ち、元旦には餅を入れた雑煮を食べて古い年玉の自分から新しい自分へと生まれ変わる。

昔の日本人はみな、そんなふうに年末年始を過ごしていたそうだ。

ところで、ぼくの母がつくる雑煮は、東北と東海の入り混ざったようなレシピだ。

ニンジン、大根、セリ、三つ葉がはいり、角餅は焼かずにそのままいれる。

ぼくたち家族はこの雑煮を食べて、新しい自分に生まれ変わる。

「あなたはどんな自分に生まれ変わりたいですか？」

#32　白米3杯

「たくさん食べなさい」

スポーツをする子どもたちとかかわっていると出合う言葉のひとつだ。なかには「白米3杯」などとノルマを課している人もいて、「食事が苦痛だ」と感じている子どももいる。

競技によってはたしかに、体格は重要すぎるほどの意味をもつ。効率よくサイズアップできれば、同等の技術をもつ選手よりも頭一個、抜きん出ることもある。

だから少しでも身体を大きくしようとする、身体機能を高めるためにとにかく量を食べることを求める。「いまの子どもは食が細いから、無理にでも食べさせないとダメなんだ」と信じて疑わない人もいる。

けれど、こうした考えに凝り固まって子どもに接しつづけたらどうなるだろう。「量さえ食べればいい」などと誤解させてしまうのではないだろうか。

かりに毎食、白米3杯を食べられたとしても、肝心の栄養が3分の1しか吸収できないのだとしたら、白米1杯を100%吸収したのと変わらない。

ぼくたちが子どもたちの食事に対して期待していることは本来、必要な栄養を必要なだけ吸収することのはずだ。けれど、子どもたちの様子を見ていると、それとは異なる姿が見えてくる。

菓子パンにハンバーガー、糖分いっぱいのジュースにスナック菓子。どれも子どもたちが大好きなものばかりだ。

そのような食生活であっても、炭水化物やタンパク質、脂質は取れる。身体を動かすために必要なエネルギーとなるカロリーも十分だろう。けれど、お腹はいっぱいになっているはずなのに、十分な栄養が身体に行き渡っていない。身体をつくり、機能させるためには不十分だ。日本は豊かな国のひとつだけれど、ビタミンやミネラルといった子どもたちに必要な栄養が足りていない。

ビタミンやミネラル、酵素などは、運動によって消耗した身体の回復に欠かせない栄養素だ。けれど、「白米3杯！」を盲信して炭水化物ばかり突出して摂ると、それらの栄養素は「消化をするため」だけに使われてしまう。

そんな生活をつづけていれば、代謝は悪くなり、疲れが抜けず、肥満にもなりやすいし、本来のパフォーマンスを発揮できなくなってしまうだろう。


もうひとつ大切なことがある。それは「よく噛んで食べること」だ。

食物をしっかり消化し、栄養を吸収するためには、よく噛むことが必要だ。

大人に比べて子どもは消化に時間がかかるけれど、よく噛んで食べれば胃や腸への負担を軽減することができる。

それだけではない。咀《そ》嚼《しゃく》にはさまざまな素晴らしい効果がある。

脳神経を刺激し、脳の働きも活発にしてくれる。

顎の筋肉を使うことでやる気が高まり、運動神経の発達も期待できる。


「理想の自分に近づくために、今日はどんな食事をしたいですか？」

#33　失敗は挑戦の裏返し

スポーツの世界では、本番中に「失敗しないこと」を求められるけれど、ミスをゼロにすることなどまずできない。どんな競技であってもだ。

なかでも脳から最も遠い足をつかうサッカーは、ミスがつきまとうスポーツだ。世界トップレベルの選手ですら、30％の割合で技術的なミスや判断ミスを犯すという。フィギュアスケートなどであれば、たったひとつのミスが勝敗を分けてしまうこともある。

だったら、どうすれば本番での失敗を減らすことができるのだろう。

表現するのはむずかしいが、練習の場で思いつくかぎりの失敗をしておくことだ。できるようになったことだけ実践していれば、本番でそう大きなミスは生まれない。

失敗は挑戦の裏返しだ。挑戦の度合いが大きければ大きいほど失敗する確度は上がる。

ある経営者は、社員にこう伝えているという。

「重要視すべきは、いかにはやく失敗するかだ」

もちろん、彼が言いたいのは「挑戦しよう」ということだ。

この言葉を目にしたときぼくは、新しい料理に挑戦する情熱を失っていることに気がついた。どうやら、失敗をひどく恐れるようになっていたらしい。失敗すれば、食材を無駄にしてしまう。だから、自分が食べたいものをスマホで検索し、食材や調味料、分量や調理工程が書かれたレシピどおりにつくる。そうすれば、美味しい料理が目の前にできあがる。

けれど、レシピどおりの料理はなんだか機械的だ。自分の感覚を使っている気がしない。もしかすると、その行為は調理であって、料理ではないのかもしれない。

目や耳、鼻と口。五感をつかって料理をする。

カラカラと揚げ物があがる音を耳で聴く。

柑橘類の甘酸っぱい香りやスパイシーな香りを鼻で嗅ぐ。

〝そろそろ火が通ったころかな〟〝ちょっと塩加減が足りていないかな〟かぶの固さや味わいを歯と舌で感じる。

食材の形や色づかいを目で見て盛りつける。

自分の五感を開くと、そこには大きな豊かさが広がっていることに気がつく。

ひとりっきりの料理であれば、つくるのも自分だし、食べるのも自分だ。
味つけが物足りなければ、食卓の上で調整すればいい。
好きなだけ失敗できる。
そう思うと、新しいなにかに挑戦する勇気が湧いてくる。

「あなたが挑戦したいことはなんですか？」

#34 来たときよりも美しく

スポーツ選手たちが、自分たちの使用したロッカールームを、清掃の必要がないほど綺麗に整える。サポーターが、スタジアムのゴミ拾いを率先して行う。

こうした日本人のふるまいは、世界から高く称賛されている。

スポーツをするには、たくさんの人たちのかかわりが必要だ。スタジアムをつくった人、メンテナンスする人、物資を運ぶ人、運営にかかわる人、応援に足を運んでくれる人。ロッカールームやスタジアムを綺麗に使い、元どおりにして帰ることは、さまざまなサポートをしてくれている人たちへの感謝の気持ちを表現したものだ。

そう、日本には「来たときよりも美しく」という文化がある。

それはそうと、ぼくは昔からお菓子の包み紙を折りたたみ、結うクセがある。

いつからはじめたのかわからない。お菓子を口に放り込み、もぐもぐと動かしはじめるころにはすでに、包み紙を手にして結いはじめている。

ゴミ箱に捨てるときも、ばさっと広がらないのがいい。

食事をしながら食べ終わったあとのことを考えるようになったのは、30歳を過ぎたあたりだったろうか。

レストランやカフェでもそう。

できるかぎりお店の人が食器を片づけしやすいようひとまとめにしたり、油汚れのものを重ねたりしないように工夫する。

宿泊先のホテルでは使用したタオルをまとめ、物は元の位置に戻す。

国際線の長距離フライトで振る舞われる機内食なら、客室乗務員の方が片づけやすい食器の配置や包装紙のまとめ方について考えをめぐらせる。

自分の思うとおりに完成すると、お弁当をつくったときのような満足感を得ている自分に気づく。不思議なものだ。

お店の人にしてみれば、ほんとうは余計なお世話なのかもしれない。けれど、そうすることで心地よさを感じている自分がいる。

その場を整えることで、自分自身が整っていく感覚が体全体に広がっていく。

「自分の心を整えるために、したいことはなんですか?」

#35 身近にある大切なもの

福井には、若狭町熊川宿という古くからの宿場町がある。昔ながらの古民家や蔵が立ち並ぶその町並みは、1996年に「重要伝統的建造物群保存地区」に選定された。

リアス式海岸や山間の景色が美しい町でもある。近隣には「水の森」と呼ばれる森があって、豊かな水が湧いている。幾重もの地層が自然のフィルターとなり、永い歳月をかけて濾過された純度の高いミネラルが溶け込んだ湧き水だ。

そんな宿場町に、とあるコーヒー屋さんを誘致したときのことだ。彼女はこう言った。

コーヒーは、9割が水でできているの。

国や地域、どのような農園でとれた豆なのか、保存や焙煎の仕方、どんなうつわで飲むかによっても感覚は異なるのだけれど、やっぱり大事なのは水。

水が、コーヒーの美味しさを決めてるんだよ。

彼女の言葉に、はっとした。自分でも知っているような話だったはずなのに、ぼくのなかの「水」という存在が、いっそう際立って感じられた。

普段、何気なく飲んだり、生活に使っている水。

あらためて考えると、とても貴重で不思議な存在だ。

地表に降った雨水が、湧き水となるまでに数百年もの月日を要する地域もある。

地球上の水は循環していて、雨水が地下に浸透し、地下水になったり地表に流れ出たりして海へ注がれる。海水は蒸発して雲となり、雨となり、再び地表に降り注ぐ。


料理をするにもたくさんの水を使う。

お味噌汁をつくるときはもちろん、お米をとぐときも、汁物をつくるときも。

それらはぼくらの身体をめぐり、ぼくたちをかたちづくっている。


ほんとうに大切なものほど、当たり前の存在にしてしまう。なくなってようやく、その価値に気づくのは、ぼくたちの性《さが》だ。そんな不完全な自分を認めつつ、身近にある大切なものに感謝できる自分でありたい。

「あなたの近くに、どんな恵みが隠れていますか？」

＃36　香りと記憶

香ばしく焼けたパンの香り、焙煎しているロースタリーの香りが鼻先をかすめると、ついそちらに体を傾けている自分がいる。

食事をたのしむうえで欠かせないことのひとつが「香り」だ。風邪を引いて鼻が詰まってしまえば、せっかくの美味しさも半減してしまう。

「香り」は記憶ともつながっている。

金木犀の香りを嗅ぐたびに公園を走り回った記憶が蘇り、塩素の匂いを嗅ぐたびにプールで遊んだ子どものころの記憶が蘇る。フランスの作家マルセル・プルーストの『失われた時を求めて』に登場するワンシーンがもとになって、プルースト効果なんて言うらしい。

カナダに遠征していたときのことだ。ある少年が日本からもってきたカップラーメンを食べようとしていた。遠征期間中に日本食が恋しくなると思って持ってきたのだと言う。

一般的なカップラーメンよりもひとまわり小さなカップラーメンだ。彼にお願いして一口もらった瞬間、不意に小学生のころの記憶が蘇ってきた。

ぼくが暮らしていた団地の一角には駄菓子屋さんがあった。10円の一口チョコレート、3個入りでひとつだけやたら酸っぱい30円のガム、すくないお小遣いを握りしめ、友達と駄菓子を選ぶのはとてももたのしかった。

なかでもぼくたちの心をわしづかみにしたのがブタメンだ。すこし小さいカップラーメンで、パッケージには（美味しさのあまりか）目を回しているブタがデザインされている。駄菓子屋さんのポットからお湯を注ぎ、小学生の手にぴったりの小さなフォークを握りしめて3分待つ。けれど、時計なんてもってなかったから、つい早く食べはじめてしまう。ところどころ固さの残ったその麺もまた美味しい。

「コーチ、食べすぎ！」

ぼくはハッとして少年のカップラーメンを見下ろした。一口だけのはずだったのに、3分の1ほど食べてしまったようだ。「ごめん、ごめん」と謝りながら、少年に返した。

ぼくはこれから先、そのカップラーメンの香りを嗅ぐたび、今度は少年とのやりとりを思い出すのだろう。

「あなたが思い出したい記憶はなんですか？」

#37 やらないことを決める

幼いころ、ハンバーグにかける定番のソースがあった。ケチャップとマヨネーズとソースを混ぜ合わせたオリジナルのオーロラソースだ。

といっても、本物のオーロラソースとは比べられないほど大雑把で、子どもだましの味つけだったかもしれない。けれどぼくは、そのソースでなければハンバーグを美味しく食べられないとさえ思っていた。

「ぼくはこんな食べ方が好き」「わたしはこの味が好き」というのは、単なる好みの問題ではない。食べ物に対するこだわりは、ぼくたちのアイデンティティを形成する一部だ。どのような人生を歩んできたか、これからどんな人生を歩みたいか、どのような価値観をもっているかを映し出す鏡のようなものだ。

けれど、「好き」を重ねるだけでは見えてこないこともある。そんなときに手がかりになるのが「嫌いな味」や「やらないこと」だ。

スポーツチームに限らず、さまざまなプロジェクトに参加し、共にチームとしての目的を明確にしようとする際、こんな質問を投げかけることがよくある。

「このチームでやらないことはなんだろう？」

今度はこれをしよう。あれをしよう。やりたいことは無限にある。それらを積み重ねていけば、チームとしての方向性はなんとなく見えてくるだろう。けれど、どこか曖昧で、ぼやっとしていて、輪郭がはっきりしない。そんなとき、明確に線を引いてくれるのが「やらないこと」を決めることだ。

「このチームでは、アイデアや行動を批判することはしない」
「このチームでは、結果だけで評価することはしない」
「このチームでは、仲間のやる気や自信を奪う声かけをしない」

食事もおなじだ。
毎日、好きな食べ方で好きなものを食べるのは素敵だ。だけど、「ほんとうにそうすることが自分にとってよいことなのか」までは見えてこない。

もうすこし自分らしさやアイデンティティを際立たせてくれるのは、「食べないもの」や「やらないこと」を意識的に決めることだ。

「ぼくは、添加物が多く含まれている食品を避ける」
「ぼくは、食事の時間を大切にし、スマホを見ないで食べる」

このように決めれば、食事に対するアイデンティティが、よりはっきりとしてくる。そしてそれは、ぼくたちがどのような人間でありたいか、どのように生きたいかを示す指針ともなる。

「あなたがやらないと決めたいことはなんですか?」

#38 風の人

「あなたは風。あの人は木ね」とセラピストが言った。

唐突だった。マウイ島でロミロミの施術を受けていたときのことだ。

ロミロミとはハワイ語で「揉む、マッサージする」という意味で、古くから伝わる伝統的な癒しの技術だ。

日本からマウイに移住し、すーっと肩の力が抜けるような山奥で、ロミロミのサロンを開いている彼女は、施術に意識を集中させている最中にも、大きく開かれた窓の向こう、野原で待つ次のゲストの過ごし方を観察しているという。

芝生に寝っ転がって太陽の光を浴びる人。足もとにある土に興味をもち、触る人。大きな木を抱きしめる人。ゲストの過ごし方はさまざまだ。

だれもが意識せずにしていることだ。そんな姿を観察しているなんて思いもよらない。

「あなたはずっと風を感じるように過ごしてきたわ」と彼女は繰り返した。

言われてみれば、たしかにそうだ。ぼくは昔から「風を感じること」を好んでいたように思う。自転車が好きなのも、風を感じられるからだ。坂道を下るときの頬をすり抜ける感触や音がぼくの心を躍らせる。

旅先で味わった思い出深い食事もそうだ。「風」と「場所」が関係しているように思える。クロアチアにあるドブロブニク港沿いのレストランの店先でも、イタリアの公園に面したカフェの店先でも、山口の過疎地で開業している友人のパン屋さんの店先でも、いい風が吹いていた。

彼女の言葉は、ぼくに新たな気づきをもたらしてくれた。風を感じる場所が好きであること、旅先での印象深い食事が風と関係していること。それらはすべて、ぼくのアイデンティティを形づくる重要な要素になっているということを。

ぼくにとって風を感じられる食事は、ただの食事以上のものになる。味覚だけではない。風が運んでくる香り、木々のざわめき、波の音が五感を心地よく刺激し、風を感じる食事を通してぼくを解放してくれる。

「あなたを解放してくれるものはなんですか？」

#39　身体を喜ばせる食事

「あー美味しかった！」

ぼくたちは食べ終わると、こうして喜びを表現する。

今日もご飯を食べられたこと、好きなものを食べられたこと、大切な人と共に過ごせたこと。「美味しかった」には、たくさんの喜びと意味が詰まっている。

その一方で、大好物のはずなのに、「美味しい」と思えないときもある。

その違いはどこからくるのだろう？　そもそも「美味しい」ってなんなのだろう？

ニューヨークを貧乏旅行していたときのことだ。連日、まともな食にありつけない日々がつづき、身体も心もヘトヘトになっていた。そんなときにようやく手に入れたのが、質素なサンドイッチだった。

固くなった食パンに薄いチーズ、すっかり元気がなくなったレタスが1枚挟んであるだけ。けれど、これが実に美味しかった。

部活に明け暮れていた学生時代、炎天下のなか、足もとがおぼつかないくらい走り込んだあとに飲んだ水道水も、とてつもなく美味しかった。
お腹が減っていれば、なんだって美味しい。喉がカラッカラに乾いていれば、生き返った気持ちにもなる。いずれも身体の渇望を満たす食事だ。

それとはべつに、身体を喜ばせる食事もあると思う。
沖縄の家に帰ると、その日のうちに必ず立ち寄るインドカレー屋さんがある。その店のカレーを食べ、チャイを飲むと、身体が喜ぶのを感じる。しっかり栄養を補給できる。お腹も満たされる。でも、それだけじゃない。「どういうわけか、元気になれるんだ」といつも感じている。

京都に「草喰なかひがし」というお店がある。予約を取りにくいことでも有名な人気の日本料理店だ。その店主である中東久雄さんは著書『おいしいとはどういうことか？』（幻冬舎、２０１９年）のなかでこう綴っている。

料理を召し上がっていただいたお客様から、「おいしかったよ」と言われるのは嬉しいものです。けれどその言葉にも増して、私にはもっと嬉しいお褒めの言葉があります。

「あなたの料理を食べると、なんだか元気になる」とか、「体が喜んでいる」という意味のことを異口同音に仰る方が何人もいらっしゃるのです。

ご高齢のお客さまから「近頃食が細くなったのに、あなたの料理はなぜか全部しっかり食べられる」と言っていただくこともあります。

その言葉が、私にはなによりも嬉しい。

料理がお客さまの体という「自然」によりそうことができたときに、そういうお褒めの言葉をいただけるのだと思うからです。

手前味噌《みそ》ではありますが、ただ「おいしい」だけの料理を作るよりも、この「体が喜ぶ」料理を作るのは、なかなか難しいことなのです。

「あなたの身体が喜ぶ食事はなんですか？」

#40 推しの食事

食事のなかから、いまの自分の「推し」を見つけるのもおもしろい。お寿司屋さんで出合った歯ごたえ抜群のいか。博多で食べたコクのあるとんこつラーメン。お祭りの屋台で味わったサクサクのたこ焼き。

食べることが好きな人なら、なにかしら自分の「推し」があるはず。思い出すだけでお腹が鳴ってしまうような一品だ。

なかには、「あなたの食事の推しは？」を聞かれても、うまく答えられない人もいるだろう。「好きなものはたくさんあるけれど、ひとつに絞り込むのはちょっと…」と言いよどんでしまう。

もしあなたがそう感じているのなら、好きな料理を思い浮かべながら、自分に質問してみるのもいい。

「この料理を食べるとき、どんな表情をしているだろう」

「最後の一口まで、どんな味わいが残っているだろう」

「この料理をだれかにすすめるとしたら、どんなふうに伝えるだろう」

推しの答えが年相応でなくてもかまわない。子どものころに食べたあのちらし寿司だっていいし、いま食べられたら感動の涙を流してしまいそうなあのハンバーグだっていい。どんな一品だって、自分だけの「推し」に違いはない。

春の気配を感じるころになると、島根県では生わかめの収穫がはじまる。茶色がかった生わかめを鉄板の上に置くと、ジューッと音を立てて鮮やかな緑色に変化する。ぬめりが残っているくらいが、栄養満点のしるしだ。

わかめといえば、佃煮やみそ汁の具が定番だ。けれど島根のわかめは一味違う。肉厚で柔らかいのが特徴で、鉄板焼きやしゃぶしゃぶにするのがおすすめだ。この時期ならではの味わいを堪能できる。

ただ、残念ながら生わかめは日持ちしない。旬の味わいはこの時期だけ。だけど、実に美味しい。

島根を訪れたら、ぜひ味わってほしい一品だ。

地域に根づく食の魅力を発見すると、その土地への愛着がぐんと深まる。

あなたの近くにも、きっと魅力的な「推しの食事」が隠れているはずだ。ぜひ探してみてほしい。

それは春のわかめのように、旬の時期にしか味わえない、その土地ならではの味かもしれない。それを家族や友人と分かち合えれば、食事のたのしさはきっと、2倍にも3倍にもなる。


「あなたの推しの食事はなんですか？」

久しぶりに実家に帰ると、おかえりもそこそこに母が言った。

「お父さん、畑はじめたのよ」

なんだか明るい声だった。

東京の自宅から少し離れたところに小さな畑を借りて、季節の野菜をつくっているという。仕事のない日はずっとテレビの前に張りついていた父が、毎朝、早くから畑に行っているのだ。


農業は土づくりが大切だと聞いたことがある。

健康な土には、たくさんの微生物が棲みついている。それらが、野菜に十分な栄養を与え、元気に生長できるよう手助けしてくれる。土は健康になるほどに二酸化炭素を吸収し、地球温暖化を防ぐ手伝いもしてくれる。そんな土をつくることができれば、農薬や肥料も減らせて、自然と共存できる農業になると言う人もいる。


父の畑もおなじだ。土づくりからはじまり、種まき、苗の植えつけ、水やり、草取り。

こうした一連の作業をとおして、父は自然の力強さとすばらしさを体感しているに違いない。

種にも苗にも「育とうとする力」が備わっている。だからぼくたち人間は、その力を最大限に発揮できる〝場〟をつくってあげればいい。そしてこれは、ぼくが子どもたちとかかわるときに大切にしていることとおなじだ。

子どもたちにも「育とうとする力」が、もとから備わっている。

彼らにとって必要なのは、自分で自分を成長させられる〝場〟だ。

彼らが意欲的に、前向きに、自分のしてみたいと思うことに何度でもチャレンジできる手伝いをするのが、ぼくたち大人の担うべき役割だと思う。

逆にもし、ぼくたち大人がよかれと思って水や肥料を与えすぎれば、彼らの「育とうとする力」を発揮するチャンスを奪い、その根はやがて枯れてしまうだろう。

ただそうはいっても、子どもも野菜も生き物だ。思いどおりにいかないことはたくさんある。

支柱が弱くて倒れてしまったり、雨が降らずに葉が枯れてしまうこともある。逆に雨が降りすぎて実が腐ってしまうこともある。うまく育ったと思ったら、やってきた生き物たちに食べられてしまうこともある。

「育とうとする力」が最大限に発揮されるようにかかわるのは、ほんとうにむずかしい。

「今日の夜ご飯は全部、うちで採れた野菜だぞ」

どや顔とはまさにこのことを言うのだろう。

苦笑いしながら父が育てた野菜を頬張ると、生命をいただくことへの感謝の気持ちが湧き上がってきて、すこし驚いた。

「どんな場が、あなたを育ててくれますか？」

＃42　食卓のルール

家族で食卓を囲むとき、そこにはどんな会話が生まれているだろう。学校であったこと、友達との出来事、テレビで見たおもしろい番組の話。笑顔があふれ、会話が弾んでいる食卓もあれば、スマホを手に無言で食事をとる食卓もあるかもしれない。

内閣府が2021年に実施した「食育の現状と意識に関する調査」では、以下のような設問が用いられている。

設問：あなたは、家の人と一緒に食事をすることが楽しいと思いますか。当てはまる番号1つに○をつけてください。

1．とてもそう思う
2．どちらかといえばそう思う
3．あまりそう思わない
4．まったくそう思わない

この設問に、小学5年生の64・1%が「とてもそう思う」「どちらかといえばそう思う」と回答しているのに対し、高校生になるとその割合は47・7%に減少する。このように、年齢が上がるにつれて家族と一緒に食事をすることを楽しいと感じる子どもが減っていく傾向がみられる。

食卓での会話の内容も、子どもの成長に影響を与える。

アメリカの研究では、食事中に肯定的な会話をする家庭の子どもは、自尊心が高く、学業成績もよい傾向にあるらしい（Lotte, et al., 2018）。

ある家族は「GOOD TALK（グッド・トーク）」を食卓のルールにしている。

これは、よい話題、前向きな話題を中心に会話をすることだ。たとえば「今日は友達と公園で遊んですごくたのしかった！　ブランコが終わった後はみんなでかくれんぼをして盛り上がったんだ」など、その日に遭遇したたのしい話題を提供し合いながら食事をするという。

「今日、たのしかったことはなに？」

「今日、うれしかったことはなに？」
「今日、わくわくしたことはなに？」

食事の場も「どんなことを質問するか？」がポイントだ。たのしかったことやうれしかったことが話題にのぼれば、食卓を囲むみんなの顔が笑顔になる。

家族の絆が深まることもあるし、友人との仲が良好になることもある。なにより、食事そのものが豊かになる。

「あなたは食事中、どんな会話をしたいですか？」

#43 食を真ん中に置いた旅に出よう

山陰の山奥にあるパン屋さん。スマホを頼りに数時間かけて辿りついたその場所は、とても静かで穏やかな時間が流れる場所だった。

「わざわざ、こんな奥地までありがとうございます」

その場にふさわしい佇まいで、スタッフがあたたかく迎え入れてくれた。

「Foodie（フーディー）」と呼ばれる人たちがいる。食を求めて世界中を旅し、一流レストランを食べ歩く彼らの評価は、国や地域の観光事業にも大きな影響を与えるという。それはすごいことだと思うけれど、食をたのしむ旅は、富裕層の特権ではない。

旅先で市場を覗けば、魚介類も山積みになった野菜も、見たことがないものばかり。なにを選んだらいいかわからないほどの品揃えに圧倒される。そんなとき、「これはいったいどんな味がするんだろう」と想像をふくらませるのもまたたのしい。

レストランのメニューを開けば、聞いたこともない料理名が躍っている。

そんな料理を頼んでみるのはちょっぴり勇気がいるけれど、一口味わった瞬間に、その土地の歴史や文化を感じることができるはずだ。
街を散策すれば、通りすがりの屋台から香ばしい匂いが鼻をくすぐる。ふと足を止め、なにげなく味わった一皿が、人生最高の思い出になることだってある。

場所が変われば気候風土も文化も変わる。人々の暮らしぶりに寄り添い育まれてきた旬の味覚を堪能できる食材たち。その土地ならではの郷土料理との出合いは、旅の醍醐味だ。
そんな旅先の食事は、訪れた場所の魅力を存分に味わう絶好の機会だ。
自分の目で見て、耳で聴いて、肌で感じたその土地の空気感を、食べるという行為によって体の奥底にまで取り込める。

人は食事から栄養やエネルギーを得て日々を生きている。だったら、日常とは違う場所で味わう食事からは、きっと特別ななにかを得られるはずだ。もしかしたら、いつもの自分とは違う新しい自分に出会えるのかもしれない。

「あなたが旅をしたい場所はどこですか?」

#44 大根入りのカレー

好き嫌いは、ほんとうに人それぞれだ。

酸っぱいものは苦手だけど、辛いものが大好きな人がいる。その逆の人もいる。ぼくは子どものころからレーズンが嫌いで、レーズンが入ってるパンなんて信じられなかった。

食べ物の組み合わせには、人それぞれの思い込みがある。

ぼくの考える定番のカレーライスといえば、にんじんとジャガイモ、玉ねぎに豚肉か鶏肉だ。カレールーと水だけでもできるけれど、フルーツを加えるとまろやかになるし、ヨーグルトを入れるとコクが出る。

ぼくの父親はカレーにちくわと大根を入れたことがある。

見慣れない具材に驚かされたし、見栄えもよいものではなかったけれど、大根のシャキシャキとした食感と甘み、ちくわのもっちりとしたうまみが口のなかに広がった。

「昨日のおでんの残りをカレーにしてみたんだ」

そう言って父は笑っていた。

ときには「カレーといえばジャガイモに人参だよね」という思い込みをいったん脇に追いやってつくってみるといい。春は山菜、夏はトマトときゅうり、秋はきのこ、冬は大根といった旬の食材を入れてみる。カレーは万能食だ。食材に応じてそれぞれ違った美味しさをぼくたちに与えてくれるだろう。

ほかにも、シチューにしらたきを入れてみるのはどうだろう。お肉はタンパク質が豊富だし、ご飯に合うとされているけれど、ほうれん草の胡麻和えをごはんにのせて食べるのだって悪くない。

ぼくたちの食生活は、知らず知らずのうちに「思い込み」に支配されている。だけど、そんな思い込みをほんの少しだけ手放してみると、そこには意外な発見や驚きがある。

ある日、たくさんのお客さんで賑わうおしゃれなカレー屋さんを訪れた。ぼくが注文したベジタブルカレーには大根が入っていた。親父、やるじゃないか。

「あなたにはどんな思い込みがありますか?」

#45　自分と対話する時間

料理をしてくれた人は、食事の支度で疲れていることも多い。だから、食べ終わったあとの片づけは、料理を振る舞ってもらった人が率先して行うのがよいと思う。
…などと言っておきながらなんなのだけど、ぼくは昔から食事の後片づけが苦手だ。

次に使うときに気持ちよく使える状態にすることが後片づけの目的のはずだ。なのに、面倒くささが勝ってしまうからか、お皿をきれいに洗えない。自分ではちゃんとしているつもりなのだけど、汚れが残っていることもしばしばだ。
そんな調子だから、自分が食べるだけのときは1枚のお皿にすべて盛る。言うまでもなく、後片づけを最小限に抑えるためだ。

そんなぼくもいつしか、自ら率先して後片づけを行うようになった。食事の支度をしてもらえるありがたみに気づかせてもらってからだ。いまとなっては、食器を流しにもっていき、洗い、水気を拭き取って棚に戻す一連の所作は、自分を見つめ直す大切な時間になっている。その日の出来事が次々と脳裏に浮かんでくるのだ。

「今日はちょっと言いすぎてしまった。反省しなくちゃ」

「あの言葉は心に響いたな。もっと意識してみよう」


そんなことを考えながら一皿、一皿きれいにしていく。すべて片づけ終えたころには、心がすこしだけすっきりしている。

そのあとは、あたたかいお茶を入れて、ほっとひと息。

明日への思いを馳せる。


毎日、忙《せわ》しなく生きる人生もエキサイティングだ。

けれど、世の中で最も大事な存在である自分との時間をつくることが後回しになってしまうのであれば寂しい。

ひとりで旅に出れば、自分との時間をつくることは容易だ。

けれど、日常の暮らしのなかでも自分との時間をつくることができる。


「自分とどんな時間をつくりたいですか？」

#46 行きつけの居場所

ぼくはいま、2つの場所を拠点に据えて暮らしている。沖縄県の読谷村と島根県の海士町だ。

読谷村は残波岬が突き出た半島のような形をしていて、エメラルドグリーンの美しい海に囲まれている。一方、海士町は日本海に浮かぶ小さな離島で、ゆったりとした時間が流れている。どちらの場所でも「やぁ、おかえり」とぼくを温かく迎えてくれる場所だ。

そんな暮らしをしているうちに、いつからか「顔が見えるお店で食事をしたい」と思うようになった。

ぼくがはじめて、ひとりで海外を訪れたのはスペインだった。一人旅ということもあって、どこでなにを食べたらいいかわからず街をうろうろしていたぼくは、マクドナルドを見つけて駆け込んだ。日本で食べていたハンバーガーとおなじ味がして、心を落ち着かせてくれた。

マクドナルドに限らないことだけど、世界や日本各地にあるチェーン店は、どこであっても安心だ。味やサービスの想像がつく。
その一方で、その土地にしかないお店での食事も捨てがたい。ほかではけっして味わうことのできない特別な体験となるからだ。

それはそうと、読谷村にはイギリス人と日本人の夫婦が切り盛りしているカフェがある。ぼくのお気に入りの場所だ。訪れるたびに、いろいろと話しかけてくれる。
あるときは、「このクッキー新商品、食べてみる?」と言って、屈託のない笑顔を浮かべる。「あそこの卵はすごく美味しいよ!」と言って、自動販売機で売っている卵をおすすめしてくれたのも、あの2人だ。
大切に味わって食べたいと思えるものには、つくった人の想いが込められている。そんな想いに気づけると、いつもと違う感覚で味わうことができる。

行きつけのお店があることは幸せだ。顔なじみの店主とのちょっとした会話は、日常に小さな喜びを与えてくれる。なにより「いつもの」が通じるのはなんとも心地よい。

「あなたの行きつけのお店はどこですか?」

#47　心を開く鍵

航空会社によって異なる機内食の見た目と味つけ。空の上で食べる食事は、いつも特別な気持ちにさせてくれる。

忘れられないのは、シンガポール航空の機内食だ。海南鶏飯が実に美味しかった。そして、そんな特別な食事と一緒にたのしむのが映画だ。前方座席に備えつけられたモニターで最新の映画を観ながら食事をする瞬間は、まるでプライベート・シアターで食事をしているかのような贅沢な感覚に浸れる。

サッカーコーチをしていたころ、遠征先で子どもたちと共に食事をしながら会話をするのはとてもたのしかった。けれど、嫌な思い出もある。「食事中は静かにしなさい！」「早く食べなさい！」と子どもたちを叱りつける指導者が、同じフロアにいたときがそうだ。

毎日が忙しく、スマートフォンが普及した現代社会では、食事の席でも家族との会話が減っているらしい。家族と食卓を囲んでいるはずなのに、スマートフォンでYouTubeを観ながら食事をする人もいるという。

その光景は、さながら空の上で映画を観ながら一人で食事をしているかのようでもある。けれど、贅沢な感覚に浸っているようにはとても思えない。

食事中、子どもたちが話すことを禁ずるのではなく、むしろ積極的に会話を促したらどうだろうか。食卓を子どもたちが会話する場にできれば、思考力や表現力、感受性を育むこともできるはずだ。

「今日はどうだった？」という一言からはじまる会話は、子どもの心を開く鍵になる。学校で遭遇したこと、がんばった習いごと、友達と遊んだこと。子どもたちは日々、たのしかったことも、嫌だったこともたくさん経験している。そんな彼らの話に耳を傾けることは、お互いの心を理解するチャンスになる。

他愛もない話に聞こえるかもしれない。けれど、そんな何気ない会話のなかにこそ、子どもの成長や思いが隠れている。

「食卓でどんな会話をしたいですか？」

#48　自然への感謝の気持ち

「魚が大漁だったので、公民館前で一袋100円で販売します」

ぼくが暮らす島ではしばしば、こんな町内放送が町中に響きわたる。放送が聞こえるやいなや、スーパーの袋やバケツをもった住民たちが、足早に公民館に集まり、いっぱいに詰め込んだ鯖やいわしなどをもち帰る。

日本は海に囲まれた島国だ。古くから海の恵みを受け、魚を食べてきた。（ほかのところでも触れたけど）日本人の魚離れが進んでいるという。肉の消費量が魚を上回るようになり、魚を食べる機会が減ってきているのだ。

「魚は調理も保存も扱いにくい」
「骨があるから食べにくい」
「生臭いから嫌だ」

魚が敬遠されるのはおよそこんな理由からだ。ぼく自身、島に来るまでは切り身の魚しか買ったことがなかったけれど、日本の食卓から魚が消えてしまうのは寂しい。

脂ののったサバ、プリプリのブリ、引き締まったカツオ。旬の魚を食べると、日本の豊かな海を感じることができる。

刺身として味わい、干物にして保存食にする。うまみを引き出す出汁をとり、かまぼこなどの練り物にする。それぞれの魚の特徴を活かした調理法は、先人の知恵の結晶だ。

背骨をひとつずつ丁寧にとる繊細な箸さばきは、日本ならではの文化だし、包丁の握り方ひとつで、魚の美味しさが変わってくるという。

たしかに魚は扱いにくい。手間暇もかかるし、食べ終わった後も面倒だ。だけど、その手間を惜しまずに向き合ってきたからこそ、日本の食文化は豊かになった。

美味しい魚料理に出合うたびに、豊かな海の恵みに対して感謝の気持ちが湧いてくるし、魚を食べる文化を子どもたちにも伝えていきたいとも思う。

魚を食べることは、単なる食事ではない。

日本の歴史や文化、そして自然への感謝の気持ちを味わうことでもある。

「あなたが子どもたちに残したいものはなんですか？」

#49 身体を温める食べ物、冷やす食べ物

小さいころから、ぼくはアトピーに悩んできた。肘や膝の内側、首回り、ひどいときには顔もただれてしまって、外を歩くことはもちろん、だれかに会うことすら億劫だった。自己肯定感も下がる一方だ。なにかに取り組む意欲も湧いてこない。自分で自分のことが嫌になるし、そう思ってしまう自分も嫌いだった。

どうすれば改善できるのだろうか。すぐに思いつくのは、肌に触れるモノを変えることだ。だから肌に触れる洋服を変え、美容液を変えた。でも、よくはならなかった。

あるとき、友人が教えてくれたことがある。「体温を上げれば、アトピーの改善に多少なりとも効果があるんじゃないか」と。体温は免疫力とも関係していて、体温が低いと、アトピーに限らず病気にかかりやすいと言われているらしい。

それと食材には「身体を温める食べ物」と「身体を冷やす食べ物」があることを知った。トマトやキュウリ、ピーマンといった夏野菜は、彩りもはっきりしていて水分やカリウ

ムをたくさん含み、身体にこもった熱を冷やしてくれる。ほかにも、果物や乳製品、お酢を使った料理などが挙げられる。

それに対して、ショウガやニンニク、ネギといった香味野菜は、身体を内側から温めてくれる働きがある。ほかにも、根菜類や海藻類、鶏肉や牛肉などが身体を温めてくれる食材で、タンパク質も豊富に含んでいる。

東洋医学には「夏は冷やし、冬は温める」という考え方がある。暑い夏には身体を冷やす食べ物、寒い冬には身体を温める食べ物を食べることで体調を整えるというのだ。

ぼくはこの考え方に感銘を受け、夏にはキュウリやトマトを多く食べ、冬にはショウガ鍋やニンニク料理を積極的に取り入れた。すると、徐々にアトピーの症状が和らいでいくのを感じた。

身体を温める食べ物、冷やす食べ物。自分の身体に合った食事を心がけることで、健康な身体づくりができる。その知識を身につけることは、自分の健康を守る第一歩になる。

「あなたの身体に合った食べ物はなんですか？」

#50　クリエイティブなごみ減らし

ぼくたちは日々、暮らしながらゴミを出して生きている。

食材であれば、たまねぎやみかんの皮は剥いて捨てるし、大根やかぶの葉も捨てていた。以前のぼくは、それらが使えるという発想をもってなかったからだ。

そんなぼくたちは1日に平均890グラムほどのゴミを出す。日本全体では11・2万トンにのぼる。そのうちの30％は生ゴミだ。2023年に廃棄処分されたクリスマスケーキの総額は4億円にものぼるという。

ゴミを減らす大切さは、ずいぶん昔から言われていることだけど、思うようにいっていないようだ。

だからここで、ちょっと発想を変えてみたい。ゴミをゴミにしないという発想だ。

たとえば、たまねぎの皮。乾燥させて粉末状にすれば、食材の風味づけに使える（煮れば、栄養満点の出汁にもなる）。みかんの皮は、砂糖漬けにすれば美味しいお菓子になる。大根やかぶの葉は、炒めものや煮物に使える。こちらも栄養たっぷりだ。

世界に目を向ければ、廃棄食材を使って料理を出しているレストランもある。

ほかにも、ぼくたちにできることはたくさんある。まずは買いすぎないことや使い切ることだ。冷蔵庫の中身を定期的にチェックし、食材を無駄なく使い切るレシピを考える。それだけでも、創意工夫を必要とするクリエイティブな行為だ。

ゴミを減らすと考えれば、たしかに面倒くさい。けれど、余すところなく使えるようにするという発想であれば、とてもたのしい。創造力を発揮して生活を豊かにするチャンスだし、身の回りもスッキリする。

結果的にゴミが減るのだから、環境に優しい暮らしにもつながる。

ただし、無理のない範囲で取り組むことが大事だ。

最初から「ゴミゼロ！」などと掲げれば、いずれ息苦しくなってしまうだろう。だから、自分にとって心地よいレベルを見極めることが大切だ。

「どのようにすれば、ゴミを減らすことができますか？」

#51 普通に美味しいよ

口に入れた途端に「美味しい!」と声が漏れる料理がある。脂ののったステーキやハンバーグ、キラリと光るマグロ。特別な日や非日常といった「ハレ」の日に食べることが多い料理だ。

それとは趣が異なり、「普通に美味しいな」と思える料理がある。家族がつくってくれた、いつもの味噌汁。一人暮らしをはじめてから、ときどき無性に恋しくなる母の煮物。職場の同僚とランチで入ったお店の、何気ない定食。

特別に凝った料理ではない。けれど、どこか懐かしくて、ほっとする。それが「普通に美味しいよ」と感じる味なのかもしれない。

「普通」という言葉には、「みんなの普通」と、「自分の普通」がある。まず「みんなの普通」は、多くの人が共通して感じる「普通」だ。ぼくたち日本人であれば、ごはんに味噌汁、納豆といった定番の組み合わせ。お弁当に入っているたまごやき。そんなだれもが知っている、ありふれた味だ。

それに対して、「自分の普通」は、自分一人が日常的に感じる「普通」だ。実家で食べていたカレーや、学生時代に頻繁に通ったラーメン屋の一杯。時間に追われながらかき込んだ牛丼。それは、ほかのだれでもない、自分だけの「普通」の味だ。

どちらの「普通」も、ぼくたちの食卓に欠かせない存在だ。華やかな料理に心躍らせつつ、普通の美味しさに心が安らぐ。そんな両方の味わいがあるからこそ、食事は豊かになる。

今日の食卓に並ぶのは、どんな「普通の美味しさ」だろうか。

特別でなくていい。

いつもの、ありふれた味でいい。

そのなかに、かけがえのない幸せが詰まっているはずだ。

「あなたにとって、普通の美味しさとはなんですか?」

#52 餅に込められた想い

ぼくが暮らしている島では、棟上《むねあ》げ（柱や梁などの骨組みが完了）した建物の上棟《じょうとう》式で餅を投げる習慣がある。そこには、安全に竣工《しゅんこう》（完成）するよう神様にお供えをして厄災を祓《はら》ってもらいたいという想いと、近隣の人たちに福を分けたいという想いが込められている。

投げられる餅は、紅白が多い。これにも2つの想いがあるという。

一つめは、敵味方関係なく一堂に会して祝りというものだ。

もう一つは、紅色が赤ちゃんを、白色が別れを意味しており、その2つの組み合わせが人生そのものを表すことに由来するらしい。

餅という食べ物に、こんなにも想いを込めている人たちがいるだなんて、ぼくは知らなかった。

そもそも餅とのつき合いは昔、実に淡泊なものだったからだ。せいぜい餅の入ったお雑煮をお正月に食べるくらい。想いや意味なんてほとんど考えたことがない。

それがどうだろう。離島で暮らすようになってからは、すっかり身近になった。

調べてみると、餅に関する風習は日本各地にあることを知った。節句に食べる餅、祝いごとの際に食べる餅、故人を偲んで食べる餅。

お正月のお雑煮に餅を入れるのも、新しい年への願いが込められているのだろう。

もちろん、どのような想いや願いを込めるのかについては、地域によっても異なるはずだ。だけど、地域を越えて共通することもある。それは、餅を用意して食べるという行為を通して、想いや願いを自分のなかに取り込むことだ。

離島での暮らしは、ぼくに餅の奥深さを教えてくれた。

今度、餅を口にする機会があったら、その背景にある物語に思いを馳せてみたい。きっと、餅の味わいがいつもと違って感じられるはずだ。

それはそうと、島の友人が家を建てた。豊かな湧き水が流れ込む海を一望できる、とっても立派な家だ。上棟式の日には、たくさんの餅が青空を舞った。

「特別な想いを込めたい食事はなんですか?」

＃53　料理は一緒につくるのが一番

ぼくが主宰している質問のコミュニティ仲間と不定期で食事会を開いている。数年前まではお店を予約していたのだけれど、最近はもっぱらキッチンつきのレンタルスペースを借りて、みんなと一緒に料理をして食べる。

「じゃあ、わたしたちは食材を買ってくるから、お酒や飲み物はお願いね」

万事、こんな調子だ。

料理はだれかとつくるとたのしい。

もちろん、一人で黙々とつくるのだって悪くはない。材料を切り、煮て、焼いて、完成した料理を並べて食べて、自分の味つけに自画自賛する。それはそれで充実した時間だ。

だれかにつくってもらうのもうれしい。

家族や恋人、友人が自分のために心を込めてつくってくれる料理。「一生懸命つくったよ」という言葉とともに出てくる料理は、いつもよりも何倍も美味しく感じられる。

だれかと一緒につくる料理は、また格別だ。味見をし合いながら味つけを決める。野菜を切る係、炒める係、盛りつける係と役割を分担する。ときには失敗して、「これ、どうしよう?」と笑い合う。そんなひとときが、料理をつくるたのしさを倍増させてくれる。

一緒につくるということは、同じ時間を共有するということだ。同じ目標に向かって協力し合い、喜びを分かち合う。そこには、一人ではつくり出せない特別な絆が生まれる。

料理を通じて、相手のことをもっと知ることもできる。好きな食べ物、苦手な食材、子どものころの思い出の味。料理をしながら交わす何気ない会話が、お互いを理解し合うきっかけになる。

そしてなにより、だれかと一緒につくった料理を囲んで食べるひとときは至福だ。

「この料理、美味しいね」

「そういえばあのとき、こんなことがあったよね」

料理を楽しみながら、つくった思い出を語り合う。その時間は、かけがえのない宝物になる。

料理は、食べるだけのものではない。
つくる過程そのものが、人と人をつなぐコミュニケーションだ。

さて、今日はだれと一緒にキッチンに立ってみようか。

「だれと一緒に料理をしたいですか？」

食の価値観を見つめ直す

問いかける技法

質問がぼくたちをつくっている

ぼくたちは日々、無意識のうちに無数の質問を自分自身に投げかけている。それらの問いは、ぼくたちの思考や行動に大きな影響を与えている。のみならず、自分自身を肯定することもできれば、自ら否定してしまうこともできる。


「どのようにすれば、よりよくなるだろう?」

「どんなときに、自分らしくいられるだろう?」

「この先、私はどうしていきたいのだろう?」

肯定的な質問は、ポジティブな思考と行動を促す。


「なぜ、私はいつも失敗するのだろう?」

「自分には価値がないのではないか?」

「この先、なにをやってもダメなんじゃないか?」

否定的な質問は、自己評価を下げ、自信を奪い、自分らしさを見失う原因となる。

ぼくたちが日々自問する質問の質は、ぼくたちの人生において非常に重要な役割を果たす。

どんな質問でもよいかと言えばそうではない。なぜなら、日々、投げかけている自分自身への問いがあなたをつくっているからだ。

食事もおなじだ。

ぼくたちが日々口にするものは、ぼくたちの心身の状態に影響を与えている。

自分自身を前向きな気持ちにしたり、動かすエネルギーの源となる食事がある。

だからといって、なんでもよいかというとそうではない。なかには、あなたのパフォーマンスを下げてしまう食べ物や食事の仕方もある。

たとえば、適度のアルコールは血行を促進し、精神的ストレスの発散にもなる。人間関係をよりよくする社交的な効用もある。

けれど、飲み過ぎてしまえばどうだろう。胃もたれや頭痛などの症状が現れ、パフォーマンスを落としてしまう。だれしも一度は経験することだ。

直感力を磨くということ

「自分の直感力に自信をもって。それをもっと磨くといいよ」

ビジネスで行き詰まっていた当時、尊敬する先輩経営者からこんなアドバイスをもらった。

どれだけ論理的に考えても答えを出せないことがある。もうこれ以上考えようがないというところまで考えたら、最終的な決断は自分自身の直感だ。そんなアドバイスだった。

だからぼくは、自分自身の直感について考えてみた。

それからというもの、最終的な局面では直感で決める機会が増えた。

幸い、それが功を奏したのだと思う。さまざまなプロジェクトにかかわる機会に恵まれ、成果を上げられるようになった。

でも同時に、こんな疑問も浮かんだ。

「もし、自分の直感が鈍っていたとしたら…？」

経営者であれば、重要な局面での意思決定を求められる。

サッカー監督であれば、局面を変える意思決定を求められる。

ぼくのような一般人でもそうだ。

日々、目の前の人とのコミュニケーションを図るなかでも、毎日の暮らしのなかでも、常に選択と決断を迫られる。そのようにして、日々を送っている。


自分自身のコンディションがよく、頭が冴えているときの決断であれば、なにも疑う余地はない。思うような結果が得られなかったとしても、〝仕方がない、やるだけのことはやった。運が悪かったんだ〟と割り切ることもできる。

けれど、コンディションが悪い状態での決断は、後悔が残る。


スポーツ選手とかかわることが多いぼくは日々、コンディショニングについて考える機会がある。

身体を資本とするアスリートたちは、コンディションの善し悪しが直接、結果につながる。コンディションが悪い状態でプレーしても、当然ながらパフォーマンスは上がらず、思うような結果が得られない。最悪なケースであればケガにつながり、選手生命を失ってしまうこともある。

日々のコンデショニング状態を測るツールとともに過ごしているアスリートも数多い。体温や心拍数の管理はもちろんのこと、血液や尿、便の検査を通じて、自分自身の「傾向」と「いま」を客観的に知る機会をつくっている。

客観的に身体の状況を知る機会をつくる理由は、自分の主観に頼っているだけでは、「コンディションの善し悪し」を測れないからだ。自分自身が「よい」と思っている状態も、実は思っている以上によくないこともある。

「2週間、食事を改善してみましょう」

（最初のほうでも触れたけど）かつてのぼくは、鼻水が出るのが当たり前の生活をしていた。中学・高校時代は教室の机にティッシュ箱をもち込み、春になると花粉症に悩んでいた。鼻炎や花粉症をこじらせて蓄膿症を患い、集中力や判断力の低下を招いた。

いや、悩んでいたというより、それが日常だった。

小さなころから鼻声だったし、気づくと鼻水が垂れてくる。だから、〝どうすれば鼻水とうまくつきあっていけるか〟とばかり考えていた。鼻水が出ることは、自分には変えられないことだと思い込んでいたからだ。

けれど、あの先輩経営者のアドバイスをもらってからは違う。〝どうすれば鼻水が出なくなるか?〟〝どうすれば、よりよい自分になれるか?〟と質問を変えたのだ。

そこで生まれたアイデアが、血液検査を通じて、アレルギー反応を調べることだった。

頭ではわかっているんだ

これでもか！と、たらふくお肉を食べた翌日のトイレは匂うし、濃厚なアイスクリームを食べてしばらく経つと、鼻水が垂れてくる。

そう、ぼくの身体は、ぼくが食べたものでできている。


もっともらしく切り出したけど、そんなことは、小学生だって知っている。こんな当たり前のことを言葉にするのはいまさらすぎてちょっと気恥ずかしい。

けれど、そんな当たり前とこれまで真剣に向き合ってこなかったのも事実だ。これまでのぼくは、「お腹がいっぱいになれば、それでいい」という考えの持ち主だったからだ。

だから、改めて考えてみたいと思う。


「サラダから食べると消化にいいよ」

「ファストフードは控えよう」

「お腹いっぱいになるまで食べずに、腹七分目を心がけよう」

食事にまつわるこうした決まり文句を見聞きするたび、ぼくのなかに棲む何者かが、意地悪そうに耳元でささやきはじめる。

〝そうするほうがいいって知っているのになんで、きみはやっていないの？〟

〝これからも、いまの食生活をつづけるつもり？〟

〝それって、身体によくないいんじゃない？〟

自分でも気にしていることをチクチク言われたら、ぼくだって黙ってはいられない。

〝なにが正しいかってことくらい、ぼくにだってわかっているさ。でも、むずかしいんだよ〟

その何者かはケラケラと笑っている。

なかには、〝気にすることはないよ〟とぼくを擁護してくれる賢者もいる。〝ぼくたちは感情の生き物だ。正論を振りかざしているだけでは、変化を起こせない〟

ときには、風采のあがらない魔法使いが現れることもある。

〝で、どうなんだろう…ほんとうのところさ、きみはどうしたいの？〟

ぼくの頭のなかは、いつだって賑やかだ。

話を戻そう。

頭ではわかっているはずなのに、動けない。この本を読んでくれているくらいだから、きっとあなたにもそうしたことが多少なりともあるだろう。

だったら、どうすればいいのか…だって？

この世にあふれる食のハウツーとは正反対にあるのがこの本だ。もし「10分で身体が変わる！」方法があるというなら（それをぼくが知っているのなら）、そもそもこの本を書いていない。


こんなふうに言ったら、読みつづけるのをやめてしまうだろうか？

ちょっと待ってほしい。

「すぐに役立つ」とか「即時的な変化」とはほど遠いけど、読み進めているうちに、じわじわと効いてくることがあるはずだ。だから、安心してほしい。

ぼくもあなたも変わることができる。

変化は「自分に質問すること」からはじまる

自分のことは知っているようでいて、実は知らないことがたくさんある。だから、ぼくたちができる最初の一歩は「自分を正しく知ること」だ。

ぼくが暮らす海士町（島根県の離島）の港にはたくさんの船が停泊している。沖に出て魚を釣りにいく小さな船もあれば、イカを釣るためにつくられた船もある。大海原で満点の星空を眺めるための船もあれば、車を載せられる大型船もある。

毎日、目にする光景だけれど、ぼくはその動かし方を知らない。

操舵しているところを間近で見たことがあるから、多少の手順は知っている。けれど、いざ自分が操舵する場面を迎えたら、すぐに事故を起こしてしまうだろう。

たくさんあるスイッチの意味やハンドルの動かし方、どうすればスピードが上がり、どうすれば下がるのか。

どうやって方向転換し、故障したらどうすれば直るのか。
大きな波が来たときはどうすればいいのか。
大型船とすれ違うときはどうしたらいいのか。

適切に船を操縦するには、操縦の仕方を知る必要がある。
自動車には自動車の、飛行機には飛行機の操縦の仕方がある。

乗り物を運転しようと思ったら、
乗り物のことをよく知ること。
操縦方法を知ること。
そうしてはじめて、目的地への旅路がはじまる。

では、ぼくたちの人生はどうだろう。
身体のハンドルを握っているのは、もちろんぼくたち自身だ。
どこに行くのかも、どうやって行くのかも自由に決められる。

だけど、
自分のことをよく知らなければ、
自分自身を動かすのはむずかしい。

どんなときにやる気が湧き、どんなときに集中力が高まるのか。
どうすればスピードが上がり、どうすればゆるめられるのか。
立ち止まる方法や方向転換の仕方、
疲れたらどうやって回復するのか。

好きなことや嫌いなこと、
得意なことや苦手なこと。

どんなことに驚き、感動で心が満たされるのか。

自分のことを正しく知っていれば、スピードを上げて遠くまで一直線で進むことができる。スピードを落として、ゆったりと景色を眺めることもできる。

自分のことを正しく知らなければ、景色をたのしむどころか、望んでもいない方向に走りつづけてしまうかもしれない。

SNSなどの助けもあり、「ここにいない、だれか」とつながりやすくなった。

ぼくたちは社会的な生き物だから、だれかの暮らしを垣間見ることで〝自分はどうだろう？〟と、自分が「いま、どこにいて」「どういう状況にあるのか」を知ることもできるようになった。

けれどそれと同時に、自分を知る時間をもちにくくなった。

片手でスマホをタップしているだけでは、目の前にいないだれかとのつながることはできても、自分とつながることはできない。


もう少し自分を大事にしたい。

自分のことを知りたい。

もっと自分らしく生きたい。

もしあなたもそう願っているのなら、
より自分を知り、自分とつながり直す方法を伝えたい。
そのツールが質問だ。
変化は「自分に質問すること」からはじまる。

ぼくたちの行動のすべては自分に対する質問の結果だ

「どんなことに幸せを感じる？」
「自分にとって豊かさとはなんだろう？」
「ほんとうにやりたいことはなに？」

すぐに答えられる質問もあれば、答えにつまる質問もある。時間が経つうちに、答えが変化する質問もある。

ぼくたちの行動はいつだって、質問とセットだ。

ミスや失敗をするたびに「なんで、いつもミスをしてしまうんだ？」と自分に問いかけても、出てくるのは言い訳ばかり。自分を責め、モノに当たることだってあるかもしれない。

一方で「どうすれば、次はうまくいくだろう？」と問いかけることができれば、話が変わってくる。

いままでどのように考え行動に移してきたのか、うまくいかない思考と行動の癖を見抜けるかもしれない。次々と新しいアイデアが浮かんできて、パフォーマンスを高められるかもしれない。

質問は、ぼくたちの思考を誘《いざな》い、ぼくたちの脳は勝手にその答えを探し出そうとする。

大事な試合を控えた子どもたちが目の前にいる。そんなとき、どんな言葉をかけるのが適切なのだろう。

「どんな試合にしたいか、明確な目標を立てなさい」といったアドバイスだろうか。それだって別に悪くない。アドバイスが長期的な結果につながる子もたしかにいる。

けれど、一握りだ。

だったら、こんな質問を投げかけるのはどうだろう。

「この試合が終わったとき、どうなっていたら最高？」

子どもたちはきっと視線を空にうつすだろう。目標設定という言葉にうんざりしている子どもでさえ、思考が自然と誘われる。

行動に変化をもたらしたければ、指示や命令ではなく、質問を投げかけることだ。

繰り返そう。ぼくたちの行動は質問とセットだ。

いま着ている服も、口にした食事も、1日の過ごし方も、自分自身に投げかけた質問の答えだ。

願望のエンジンと痛みのエンジン

「10年後、どんな自分になれたら最高だろう？」
この質問にどう答えるかによって、ぼくたちの未来は変わる。

「オリンピックで金メダルを首にさげる喜びを仲間と共に味わいたい」
「わが子と芝生を駆け回れる健康的な自分でいたい」
「年齢を重ねても、いまよりも若々しい自分になりたい」

質問への答え次第で、毎日の過ごし方が変わってくる。
いままでの自分や、いまできていない自分を責める必要はない。
「あら、こっちじゃなかったのね」とルートを変えればいいだけだ。
質問によって明確になった願望は、ぼくたちに力をくれる。

それと同時に、痛みもまた、ぼくたちの行動を後押ししてくれる。

意図せずだれかを傷つけてしまった悲しみは、対話の仕方を学ぶきっかけを与えてくれる。コンディションを調整できずに負けてしまった悔しさは、準備の大切さを教えてくれるだろう。

こんな自分は嫌だ。

変わりたい。

そんな思いもまた、ぼくたちの行動を後押しする。自分を無下に否定しすぎないなど、取扱いには注意が必要だけど、痛みもまたぼくたちを動かすエンジンなのだ。

こうなりたいという「願望」のエンジンと、こんな自分は嫌だという「痛み」のエンジン。

2つの動力を携えて、ぼくもあなたも動き出す。

ぼくたちの身体は絶えず変化しつづけている

増殖中のヒト細胞が分裂してから娘細胞が誕生するまでの細胞周期は、（細胞の種類によって異なるものの）およそ24時間。さらに言えば、規則正しい食生活を心がけ、身体が正しく新陳代謝されれば、およそ5年～7年ですべての細胞が生まれ変わるという。

つまり、ぼくたちは日一日と変化しつづけており、（細胞レベルでは）およそ5年～7年で別人になっているということだ。

食について語る資格

料理人でもなければ料理研究家でもないぼくが、食事の本を書くなんて大それたことだ。洗練された料理とはどういうものか、どのような歴史や文化を背景にして食というものが成立しているのか、ぼくの知っていることは驚くほど少ない。

そんなぼくも、この世に生まれてからこのかた、たくさんの食事を経験してきた。そう考えると、なにかしら食について語る資格をもっているように思う。

そしてそれは、あなたも同じだ。

食べることは生きること。

料理をすることは大地とつながること。

「店主の顔が見える、土地に根ざした小さなお店が好きなんですよ」とぼくは言った。

「あぁ、わたしもそう思うよ」

そう答えてくれたのは、沖縄のお気に入りのカフェでたまたま隣り合わせたイギリス人の男性だった。

あなたは食事をするとき、どんな基準でお店を選んでいるだろう？

いつも行列ができている話題のお店？
無農薬野菜やオーガニック食材を使ったお店？
優しい気持ちになれる空間のお店？

ひとそれぞれ大切にしていることは違う。
仕事が忙しく、早く食事をすませたい日もあるし、小さな子どもに配慮のあるお店を選びたい人もいるし、大切な人と特別な時間を過ごしたいときは、いつもと違ったお店を選ぶ人もいるだろう。

ぼくはずいぶんと長い間、「安く、はやく、お腹が満たされればよい」という考えをもっていた。スポーツ施設で働いていたときは、カップラーメンにおにぎりが当たり前。コンビニで買ってきたものでお腹をいっぱいにすることだけを考えていた。

ＩＴ企業で営業として汗をかいていたときもそうだ。「いかに早く食べるか？」を優先し、立ち食いそば屋や牛丼といった、10分以内に食べ終えられるお店を好んで選んでいた。もちろん、そうしたことが悪いわけではない。日本はどのお店に入ってもとにかく美味しいいし、10分で食べ終えた分の時間をほかのことに使うことができる。

そんなぼくの考えに揺さぶりをかけてくれた出来事がある。

フランスの会社が運営するクルーズ船で2週間ほど過ごしたときのことだ。ディナーに3〜4時間の時間をかけ、長いときは5時間以上もテーブルで食事をたのしんだ。

前菜にはじまり、メイン、チーズ、デザートと一品一品、別々に運ばれ、一品ごとに料理をたのしむスタイルなので、食事に要する時間は長くなる。けれど、最近の出来事やお互いのライフスタイルへの興味など、尽きない話題に花が咲くと、あっという間に数時間もの時間が経っている。

こうした食事の様式が生まれたのは、実は合理的な理由だったという。一説によると、起源は18世紀まで遡る。当時の王家の食事は、すべての料理を食卓に並べて食べるというスタイルだった。しかし、その様式だとシェフは一気に料理を仕上げなくてはならず、あまりにも忙しい。加えて、食事をしているうちに、料理が冷めてしまう。王家にとってもシェフにとっても、好ましいスタイルではなかったようだ。

この問題を解決するために取り入れたのが、一品一品料理を提供するスタイルだ。ロシアに起源をもつとされる様式を参考にしたものだという。

合理的な理由ではじまった食事の文化だが、その意味合いは大きく変わっていると思う。現代に生きる彼らが大事にしているのは、「大切な人と過ごす豊かな時間」だ。

美味しい食事やお酒とともに大切な友人や家族と関係を深める。

この時間こそが贅沢で豊かだと思うからこそ、食事に惜しみなく時間を使っているのだ。

そんな彼らと食事の時間を過ごしたことがきっかけで、〝ぼくはどんな食事に豊かさを感じるのだろう？〟と自分自身に問いかけることが多くなった。そのうちに、食事を通じて得られる豊かさは、時間や美味しさだけではないことを知った。

店主の顔が見えるお店での食事
地域の野菜や食材をふんだんに使った食事
愛情と細やかな手間暇を込めてつくられた食事
旬のエネルギーが身体に染みこんでいく食事
大切な友人や家族と一緒に過ごす食事

どんな基準でお店を選ぶのか、
今日、どんなご飯を食べるのかは、
その人次第だ。

なにを食べたって、
どのように食べたって、
その人が幸せを感じられるのであれば、なんだっていい。
ときには「食べないこと」だって、豊かさにつながることだってある。

あなたがもし、過去のぼくのように、盲目的に食事に対する思い込みをもち、みんながそうしているからという他者のものさしで自身の豊かさを測っているのなら、この本が役に立つかもしれない。

この本は料理のレシピ本でもなければ、おすすめのお店を紹介するガイドブックでもない。ましてやぼくは料理研究家でもなければ専門家でもない。得意料理もなければ、毎回の料理のレシピをインターネットで調べているド素人だ。

そんなぼくだけれど、1日3回の食事を毎日している。料理をつくることは素人だけれど、もうすぐ40歳を迎えるぼくは、これまでに4万回以上もの食事をしてきたことになる。ぼくだけではない。あなたも年齢の数だけ食事を重ねてきたはずだ。

食事は生きるための燃料だけれど、幸せや豊かさと大きく関係している。

健康的で栄養バランスのとれた食事は、身体と心を健やかに保ち、精神的な幸福感を高めてくれるし、家族や友人と一緒に食事をたのしむ時間は、人間関係を深め、社会的な幸福感を高めてくれる。

食事を意識的にたのしむことや満足感を得ることは、心理的な幸福感を高めるし、食生活にルールをつくることはストレスを減らし、精神的な安定をもたらしてくれる。


ぼくの専門は「質問」だ。

問いを通じて自分らしさや豊かさを見つけるお手伝いを仕事にしている。


「いままでに感動した食事はなんですか？」

「あなたの思い出の料理はなんですか？」

「もし明日死ぬとしたら、今日はなにを食べたいですか？」

「毎日、使うものをどのように選んでいますか？」

「だれと一緒に食べたいですか？」


この本は、食事や料理を通して「自分らしい豊かさ」を見つけたい人に向けて書いている。

日々の忙しいなかでも、食事を丁寧に行い、たのしむことで自信と自己肯定感を高め、自分らしく毎日の暮らしを彩りたいと思っている方に届いてくれたら、とてもうれしい。

食事を通じた自己理解のプロセス

ぼくたちは日々、何気なく食事をしているけれど、好きな食べ物や苦手な食べ物、食事のスタイルには、自分自身の特性や価値観が色濃く反映されているように感じる。辛い食べ物が好きな人は、チャレンジ精神旺盛で冒険心に富んでいるのかもしれない。マイルドな味つけを好む人は、穏やかで安定志向の性格なのかもしれない。

食事に求めるものが「効率」なのか「たのしみ」なのかによっても、その人の価値観が見えてくる。たとえば、ぼくの友人にはカレーが大好きな人がいる。彼は毎週末、新しいカレー屋さんを開拓するのがたのしみだと言う。

味の違いを敏感に感じ取り、細かなニュアンスまで言葉で表現するのが上手だ。彼の探究心の強さと、味覚の鋭敏さは、食を通じて培われたものなのかもしれない。

ほかにも、茹でただけのパスタを毎食食べていた友人もいる。「これが一番らくだし、洗い物も少なくていいんだよ」と豪語する彼の効率を大切にする姿勢は、食事だけでなく、いろいろな面にも表れていた。

食の好き嫌いにも、自分自身の特性が隠れている。

苦みの強い野菜が苦手な人は、ストレスに弱いタイプかもしれない。

苦みを好む人は、忍耐強さをもち合わせているのかもしれない。

「わたし、甘いものに目がなくて！」と言いながらうれしそうに頬張る人は、人に優しく、親しみやすい性格のように映る。

甘いものが苦手な人は、理性的でクールな印象をもたせるかもしれない。


好きな食べ物や味の好みは、自分自身の性格や特徴と密接に関係している。だからこそ、ぼくたちは食事の時間を通じて「自分を知る」ことができる。


食事をしながら、自分に問いかけてみる。

「なぜ、この味が好きなのだろう？」

「なぜ、この食べ物を選んだのだろう？」

すると、自分でも気づかなかった新たな一面が見えてくる。

さらに、食事の際の自分の行動やこだわりにも注目してみる。

食前に手を合わせて「いただきます」とつぶやく人は丁寧さをもち合わせているのかもしれない。

食べ残しを嫌う人は、もったいないという価値観を大切にしているだろう。

一人で食事をするのが好きな人は、自立心が強く、自分の時間を大切にするタイプだと言えるかもしれない。

だれかと一緒に食べることを好む人は、社交的で協調性のある性格のもち主なのかもしれない。


食事を通じて自分自身と向き合ってみると、自分でも気づかなかった性格や価値観が浮かび上がってくる。


「あなたが好きな食べ物はなんですか？」

「食事の時間を、どのように過ごしたいですか？」

「どのようにして、食べるものを選んでいますか？」

「食事中、どんなことを考えていますか？」

「あなたが大切にしたい食事の思い出はなんですか？」

こうした問いかけは、自分をより深く知り、自分を理解する扉を開く鍵となる。

日々の食事の時間を、自分と向き合う大切なチャンスだとしてとらえてみてほしい。食を通じた自己理解のプロセスは、きっと新たな気づきと発見に満ちているはずだ。

食べ方と生き方の関係

「食べることは生きること」

この言葉は、『スローフード宣言』の著者であり、オーガニックの母と呼ばれるアリス・ウォータースさんの言葉だ。アメリカで最も予約が取れないと言われるレストラン「シェ・パニース」のオーナーであり、世界中に「美味しい革命」を引き起こした料理人でもある。

彼女は「エディブル・スクールヤード（食育菜園）」の取組をライフワークとし、学校の校庭で子どもたちが作物を育て、ともに調理し、ともに食べ、いのちのつながりを学ぶ機会を提供している。この活動は「エディブル教育」として発展し、日本にも広がりを見せている。

彼女の言葉や取組からもわかるように、食事に対する姿勢は、その人の生き方や人生観と深く結びついている。

食事を大切にし、時間をかけてゆっくり味わう人は、人生でもプロセスを重視し、丁寧に物事に取り組む傾向があるように感じる。

食事は栄養補給だと割り切っている人は、人生でもスピードや結果を重視するタイプかもしれない。

ぼくの尊敬する先輩は、食事の時間を大切にしている。どんなに忙しい日でも時間を取って、家族や友人とテーブルを囲み、愛情のこもった料理を味わいながら、1日のできごとを語り合う。

先輩にとって、食事の時間は大切な人とのコミュニケーションの場なのだ。そんな先輩の姿から、食事とどう向き合うかは、その人の人生への向き合い方になることを教えてくれる。

食事をすこし軽視している友人もいる。いつも手早く済ませ、すぐに仕事に戻ってしまう彼は、「食事は時間の無駄だ」と言って、できるだけ食事の時間を短縮しようとする。

食事のリズムは、生活のリズムとも密接に関係している。夜遅くに食事をすると、寝つきが悪くなり、十分な睡眠が取れなくなる可能性もある。

自分に合った食事を心がける人は、自分の身体を大切にし、長期的な視点で物事を考える傾向にある。

毎日ジャンクフードばかり食べている人は、目先の満足を優先し、健康よりも大事にしていることがあるのかもしれない。

このように食事は、その人の価値観や生活スタイルを如実に反映している。

食べ方と生き方は、密接に関係している。

食事への向き合い方は、人生への向き合い方を映し出す鏡だ。

だからこそ、食事の時間を大切にし、食事と向き合うことは、自分自身と向き合うことにつながる。

食事と向き合うことは、自分自身と向き合うことだ。

食べ方を見直すことは、生き方を見直すことだ。

食を通じて自分をいたわる方法

「身体は食べたものでつくられる」という言葉がある。

ぼくたちが日々、口にしている食べ物は、身体や心をつくる。そんなふうに健康状態と深くかかわっているからこそ、食事や料理をする時間は、自分自身と向き合い、自分自身を整えるための大切な機会となる。

自分に合った食事は、身体を内側から健やかに保ち、自分自身のエネルギーを高めてくれる。新鮮な野菜や果物、良質なタンパク質、適度な脂質を摂ることで、身体の調子を整え、免疫力を高めることもできる。

自分自身に合った食事を心がけることは、自分の身体をいたわる最良の方法（セルフケア）だ。

逆に、自分に合わない食事は身体に負担をかける。パフォーマンスを下げるだけでなく、健康までも損なう原因になる。

ストレスを強く感じているときに、甘いものや高カロリーな食べ物を欲してしまうのも、おそらくそのためだろう。一時的に快楽物質が分泌され、ストレスが緩和されるからだ。しかし、そうした食べ方に偏ってしまうと、さらに心身の不調を招く恐れもある。

自分の身体と心の声に耳を傾け、必要なものを適度に取り入れることが大切だ。そのためには、食事に向き合う時間を大切にすることが欠かせない。ゆっくりと食事を味わい、食べ物の味や香り、食感を感じることで、自分の身体がなにを求めているのかを知ることができる。

これは、自分自身と対話する貴重な時間でもある。

料理をつくる過程もまた、セルフケアの一環だ。新鮮な食材を選び、手を動かして料理をつくることは、自分を大切にする行為でもある。料理に集中することで、日常の雑事から離れ、自分自身と向き合う時間をもつこともできる。

食事の空間づくりもそうだ。

お気に入りのうつわを選んだり、テーブルに花を飾ったりするのも、自分を大切にすることにつながる。

心地よい空間で食事をすることができれば、リラックスした気持ちになり、食事をよりたのしむことができる。

身体と心の声に耳を傾け、必要なものを適度に取り入れることが、健やかな生活につながる。自分自身と向き合い、自分を大切にする時間を与えてくれる。

「料理をすることは、あなたにとってどのような意味がありますか？」

「どんな空間で食事をしたいですか？」

「食事を通して、自分自身とどのように向き合っていますか？」

食事と向き合う時間をもつことで、自分自身と対話をする。

そうすることで、自分をいたわる方法が見えてくるはずだ。

食事から学ぶ自己表現のヒント

食事の場は、自分自身を表す自己表現の場でもある。

料理を盛りつける際、彩りを意識している友人がいる。赤や緑、黄色など、色鮮やかな食材を組み合わせ、食卓に華やかさを添える。彼の明るく活発な性格が、盛りつけにも表れているように感じる。

料理の盛りつけやテーブルセッティングには、その人のセンスや美意識が表れる。

シンプルで洗練されたものを好む友人もいる。白い食器に、ミニマルな装飾。その簡素ななかにも、友人の上品さと洗練された美意識が感じられる。

盛りつけやテーブルセッティングの好みからは、その人の性格や美意識が垣間見える。

料理をする際には必ず、自分なりのアレンジを加える友人もいる。

レシピどおりにつくるのではなく、自分なりのアレンジを加えることで、その人らしい料理となる。定番の料理も、彼流にアップデートされるのだ。新しい味の組み合わせをたのしむ彼の探究心と創造性は、料理にも如実に表れている。
料理のアレンジやオリジナリティからは、創造性や個性が発揮される。

地域に伝わる昔ながらのレシピを大切にしている友人もいる。
昔から家庭で食されている料理や、季節の行事には欠かせない伝統料理を、彼女は守り継いでいる。その料理への姿勢からは、家族の絆や地域の伝統を重んじる彼女の価値観が伝わってくる。

このように料理へのアプローチの仕方には、その人の創造性や価値観が反映されている。

食事の場ではいつも、会話を盛り上げる役割を担ってくれる友人がいる。彼の豊富な知識と巧みな話術は、食卓をたのしく活気あるものにする。その明るく社交的な性格が、食事の場でも発揮されているのだ。
食事の場でのコミュニケーションも、自分を表現する重要な要素だ。

食事の際にはいつも、聞き手に回ってくれる友人もいる。相手の話に耳を傾け、共感を示す彼女。その姿勢からは、彼女の思慮深さと優しさが伝わってくる。食事の場での話し方や聞き方には、その人のコミュニケーションスタイルや性格が表れる。

オーガニックの食材にこだわり、自然食品店で買い物をすることが多い友人がいる。食の安全性を重視し、環境にも配慮する彼の姿勢は、食材選びにも表れている。食材や調理法の選択にも、自分の価値観が投影される。

手間暇かけた手づくりの料理を好む友人もいる。週末には、家族のために時間をかけて料理をつくるのだという。そこには、家族への愛情と食へのこだわりが感じられる。食材や調理法の選択には、健康志向や環境意識、家族観などの価値観が投影される。

食事のさまざまな側面から、自分らしさを発見し、表現するためのヒントを見つけ出す。自分の食事のスタイルを振り返ることで、自分自身の性格や価値観を再確認することができるのだ。


「食事のスタイルから、どのような個性が見えてきますか？」

「食を通じて、あなたが大切にしている価値観はなんですか？」

「自分らしさを表現するために、食事の場でできることはなんですか？」


食事の場は、自分を表現する格好の舞台だ。

自分らしさを発見し、表現するためのヒントを、食事から学ぶことができる。

きっと、新たな自分の一面に気づくことができるはずだ。

食を通じた自己成長のステップ

食は、ぼくたちにさまざまな気づきと学びをもたらしてくれる。

新しい食べ物や味との出合いは、未知の自分自身との出合いでもある。食べ方を変化させることで、これまで気づかなかった自分の可能性に気づくこともできる。

食の経験を重ねていくことは、人間的な深みを増していくプロセスそのものだ。

繰り返して言おう。

ぼくはかつて、食事をするときは、最低限の味と量、そして価格ばかりを気にしていた。できるだけ安く、早く、多くの量を食べることが、満足するための条件だった。

しかし、これまで語ってきた体験を通して、ぼくの食に対する考え方は大きく変わった。

ぼくは食事の際、料理に込められた思いやプロセスにも目を向けるようになった。料理の奥深さと食材に敬意をもつことの大切さを学べたおかげだ。

そんなぼくは、ある時期から小麦や乳製品を除く食事をつづけている（グルテンフリー・カゼインフリー）。自分自身のパフォーマンスを高めることが目的だ。

だけど正直に言うと、最初のうちは食事がたのしみではなくなってしまった。

現代は、小麦や乳製品を使った料理が驚くほど多い。そうした料理を避けるということは、大好きなラーメンやショートケーキ、香ばしい匂いで食欲をそそるパンが、食卓から消えることを意味していた。

その後、驚くべき身体の変化が訪れた。

（体質や遺伝にも大きく関係するが）自分自身に合った食事をすることで身体が軽くなり、肌の調子もよくなり、味覚が蘇ったのだ。

以前は気づかなかった食材本来の味わいを、より深く感じられるようになっていた。

この経験から、ぼくは食事と身体の深いかかわりと、自分の食習慣を見直すことの大切さを改めて実感した。

ぼくはまた、食を通じて、自分の心の状態と向き合うようにもなった。

充実した毎日を送っているときの食事は、自然と腹八分目になり、健康的な食材を選べる。ストレスを感じているときは、無性に甘いものが食べたくなったり、食べすぎてしまったりする。

自分の食の傾向を観察することで、自分の心の状態を知り、必要なケアの方法を見いだすことができるようになった。


そしてなにより、食事を通じて、ぼくは人とのつながりの大切さを学んだ。

いま、口に運ぶこの行為の裏側には、たくさんの人がかかわっている。それらを想像できるようになった。

家族や友人と一緒に食卓を囲む時間、料理をつくってくれる人への感謝の気持ち、食材を育ててくれる人々、運んでくださる方々への敬意。そして大自然への畏怖。

食事の時間は、そうした人や物事とのつながりを深め、感謝の気持ちを育む大切な機会となった。

これらの学びは、ぼくの人生をより豊かなものにしてくれた。


食を通じて得られる気づきや学びは、自己成長のステップとなる。

新しい食体験に積極的に飛び込み、自分の食習慣を見直し、食を通じて自分自身と向き合う。ぼくたちは食を通じて、自分自身を深く知り、人間的に成長することができる。

「新しい食体験から、得た気づきはなんですか？」

「自分の食習慣を振り返ると、どんな発見がありますか？」

「食事の時間を通して、あなたが大切にしたいことはなんですか？」

食を通じた自己成長の旅は、一生続くものなのかもしれない。だけど、その旅を通して得られる気づきや学びは、きっとかけがえのない宝物になるはずだ。

ぼくたちは食を通じて、自分自身と深く向き合い、より豊かな人生を歩んでいくことができる。

食と人生

人生のなかで、食が占める役割はほんとうに大きい。

食事は単なる栄養補給以上の意味をもち、ぼくたちの人生に大きな影響を与えている。食を通じて得られる喜びや発見は、人生に彩りを添え、豊かさをもたらしてくれる。ぼくたちが日々選択する食べ物や食習慣は、長期的に見れば、人生の質そのものを左右すると言っても過言ではない。


生活習慣病や肥満などといった健康問題は、人生の質を大きく低下させてしまう。偏った食事や不健康な食習慣は、そうしたさまざまな健康問題の引き金となる。

仕事やプライベートも身体が資本だ。健康を損なうとどんな活動も制限され、人生の選択肢を狭めてしまう。


学生時代、友人と足しげく通っていたラーメン屋さんがある。

「家系」と呼ばれるラーメン屋さんで、大人気だった。

豚骨の濃厚なスープ、コシのある麺、トッピングのチャーシューと海苔。

いま思い出しても、あのラーメンの味が鮮やかに蘇ってくる。

それと同時に、当時は健康のことなどなにも考えずに、毎日のようにラーメンを食べていたことも思い出される。

若さゆえの無謀さだったと言えるかもしれない。もし、あのころの食習慣をつづけていたら、健康を損ねていたかもしれない。バランスの取れた食生活の大切さを、身をもって思い知らされる思い出だ。

食は人生に彩りと豊かさをもたらしてくれる。

美味しい料理は、ぼくたちに喜びと満足感を与えてくれる。

家族や友人と一緒に食卓を囲むことは、コミュニケーションを深め、絆を強めるきっかけになる。

食を通じた交流は、人生に潤いと温かみを与えてくれる。

ぼくが子どものころのことだ。

日曜日の朝になると決まって、父はフレンチトーストをつくってくれた。

「ほら、できたぞ」と言うのが、いつもの口癖だった。


卵とミルクに浸したパンを、バターでこんがり焼いたもの。

見た目には味気ない。けれど、ぼくのたのしみのひとつでもあった。

そんな何気ない日曜日の朝の光景が、いまでも心温まる思い出として残っている。

食卓を囲む時間は、家族の絆を深める大切な機会だった。


食文化を通じて、ぼくたちは自分のルーツとつながることができる。

郷土料理や伝統的な食べ物は、先人の知恵と工夫が詰まった文化遺産だ。

それらを味わい、継承していくことは、自分らしさや自分のアイデンティティを確認する営みでもある。

食を通じて、ぼくたちは自分の生きる意味を見いだすこともできるのだ。

（本書の前半でも語ったことだけど）名古屋で生まれ育ったぼくにとって、八丁味噌は欠かせない調味料だ。

八丁味噌を使った味噌かつ、どて煮、味噌おでん。

どれも、ぼくの大好きな名古屋メシだ。

濃厚でコクのある味噌の風味が、ぼくの舌に染みついている。


小学5年生のとき、家族で東京に引っ越した。

東京の味噌汁は、名古屋の味噌汁とは味が全く違っていた。八丁味噌独特の風味がなく、物足りなく感じたものだ。そのときはじめて、八丁味噌がぼくにとっていかに特別な存在だったかを実感した。


このようにぼくが名古屋で育ったという事実は、八丁味噌の味と切り離せない。ぼくのアイデンティティの一部だ。いまでも八丁味噌を使った料理を食べると、子どものころの思い出が蘇ってくる。

家族で味噌かつを囲んだ食卓、母の味噌汁の味。

八丁味噌を通じて、ぼくは自分のルーツとつながることができるのだ。

故郷の味は、その土地で育った人々の心のよりどころになる。

八丁味噌は、まさにぼくにとっての心のよりどころだ。


食は自己表現の手段でもある。

料理をつくることは、創造的な行為であり、自分らしさを表現する舞台の一つだ。

食べ物の選択や食生活のスタイルは、その人の価値観や生き方を反映している。

食を通じて、ぼくたちは自分自身を知り、他者に伝えることができる。


ぼくは最近、自炊をすることがたのしくなってきた。

自分の手で食材を選び、切り、調理する。その過程は、自分と向き合う時間でもある。

どんな料理をつくるのか、どんな味つけにするのか。そこには、ぼくなりの美意識や価値観が投影されている。

手づくりの料理を食べるたびに、ぼくは自分自身を表現し、確認しているのかもしれない。

食は人生のあらゆる側面に深くかかわっている。

食を通じた自己表現は、自分らしく生きることにつながっている。

毎日の食事は、ぼくたちの健康や幸福感、人間関係、アイデンティティ、自己表現などに大きな影響を及ぼしているのだ。


自分にとって大切なものはなにか。

どのような人生を歩みたいのか。


食を通じて、自分自身と対話することができれば、こうした問いの答えが見えてくるのかもしれない。

食を大切にし、食と真摯に向き合うことは、よりよい人生を築くための第一歩だ。


自分の食生活を見つめ直し、より健康的で豊かな食をめざすこと。

食卓を通じて、大切な人とのつながりを深めること。

食文化を継承し、自分のルーツに思いを馳せること。

そうした営みの積み重ねが、充実した人生につながっていく。

ぼくたちが口にする食べ物は、ぼくたちの人生そのものを形づくっている。

だからこそ、食とのつき合い方を大切にしたいと思う。

食と人生の深いかかわりを理解し、食を通じて自分らしい人生を歩んでいきたい。


「あなたにとって、思い出深い食事の体験はなんですか？」

「食を通じて、あなたが大切にしたい価値観はなんですか？」

「あなたらしい食生活とは、どのようなものですか？」


食と向き合うことは、人生と向き合うことでもある。

食と向き合うことを通して、自分らしい生き方のヒントが見えてくるはずだ。

ぼくたちにもできることがある

大量生産、大量消費を前提として設計された現代の経済・流通システムは、環境や社会にさまざまな問題をもたらしている。

世界の海水の温度は、過去100年間で平均0・8℃も上昇し、いまも上昇しつづけている。

0・8℃上昇などと聞いても、たいしたことがないように感じるかもしれない。けれど、このわずかな変化が、海洋生態系に大きな影響を及ぼす。たとえば、オーストラリアのグレート・バリア・リーフでは、2016年から2017年にかけて海水温が上昇し、それによってサンゴの約50%が死滅したと言われている。

世界の哺乳類、鳥類、両生類の個体数は、1970年から2016年の間に平均で68%減少した。

世界では、年間約13億トンの食料が廃棄されている。これは世界の食糧生産量の3分の1に相当する。

年間約3億5千万トンのプラスチックが生産され、そのうちの800万トンが海洋に流出しているとされる。世界のカカオ農家の約70％は、極度の貧困のなかで生活していると聞く。

このように、ぼくたちが日常的にたのしむ「食」には多くの負の側面がある。数えあげたらキリがないほどだ。そんな現実を知れば知るほど、「ぼくにできることなんてないのでは？」「もう手遅れなのでは？」と無力感に襲われることがある。

しかし、変化の兆しもある。

たとえば、ミシュランガイドは最近、レストランの持続可能性を評価する「グリーンスター」を導入した。これは、レストランが地元の食材を使用しているか、食品廃棄物を削減しているかなどを評価するものだ。このような取組は、食のサステナビリティに対する意識を高め、レストラン業界の変革を促している。

ぼくたちにもできることは必ずある。

たとえば、買い物の計画を立てたり、適量を調理したりすることだって食品ロスを減らせる。植物性の食品を選ぶことで環境負荷を減らすこともできるし、フェアトレード商品を選べば、生産者の生活改善にも役立つ。

一人一人の行動はたしかに小さい。けれど、積み重なれば、大きな変化を生み出すことができるはずだ。

「小さくても、自分にできることはなんだろう？」

ぼくたちにできることを、一つずつ積み重ねていくことが大切だ。

価値観が人の行動を決め、人の行動が文化をつくる

「あなたはなにを食べますか？」という質問は、「あなたはなにを大切にしていますか？」という問いかけでもある。価値観は、ぼくたちの行動を決め、ぼくたちの行動が「世界をどう見るか？」というまなざしをつくる。

そう、食の選択はその人の価値観や世界観を反映している。

（さきにも取り上げた）アリス・ウォータースさんは著書『スローフード宣言』のなかで次のように述べている。

文化は意識の水面下にある信念の体系です。潜在意識として私たちを導き、することすべてを形づくります。ファストフード文化はまず米国で支配的となりましたが、さらにいま世界でも支配的になりつつあります。

（中略）

なぜこんなことが可能なのでしょうか。ファストフード文化には、他のすべての文化

がそうであるように、独自の価値基準があるのです。私はこれをファストフード的価値観と呼んでいます。価値観が人の行動を決め、人の行動が文化をつくります。

ファストフード店で、またはファストフードな方法で食事をすれば栄養バランスを欠いた食事だけでなく、無意識のうちにファストフード文化の価値観も飲み込むことになります。食べ物がそうであるように価値観もまた自分の一部になります。そしてひとたび価値観が自分のものとなれば、自分自身が変わりはじめます。

物の見方や思考、倫理観、考え方もすべて変わっていきます。ファストフード文化によって、ある種の欲求と渇望が自分に組み込まれても潜在意識のなかで起こることだから気がつきません。気づかなくても自分の世界は摂取した価値観を反映するようになり、そのうちその価値観が真実だと思うようになります。

季節を問わず、いつでも手に入れられるようにすべきだ。量だって多いほうがよい。世界のどこにいても、気候・風土がどうであれ、同じ見た目と味の食べ物があるべきだ。

時は金なり。スピードこそ第一だ。ぼくたちの選択は、食にまつわることであろうと、そうでなかろうと、そうした影響下に置かれる……と。

アリス・ウォータースさんの言葉は的確だ。ファストフード文化の価値観が、ぼくたちの考え方や行動を形づくっているのだ。

ファストフード文化の背景には、明確な価値観がある。それが「利便性」「効率性」「均一性」だ。この価値観は、現代社会のそこかしこに浸透している。食だけではない。物事への向き合い方そのものをも変えてしまうほどの影響力をもっている。

「時は金なり」という言葉一つとってもそうだ。この価値観は、食事の時間を短縮することと背中合わせだ。それと引き換えにして、ゆっくりと食事を味わい、会話をたのしむという文化が失われつつある。

「便利であること」という価値観は、手軽さや簡単さを追求する欲求を過剰に促す。それと対極に位置する価値観が「手間暇をかけること」だ。ぼくたちはいつの間にか、手間を面倒なこととみなし、食材を準備したり調理に時間をかけることさえ億劫に感じるようになりつつある。

包丁を使って野菜を切るなんて面倒だ。カット野菜で十分。

いちから料理するなんて面倒だ。加工食品や冷凍食品だって十分に美味しい。

そうしているうちに、ぼくらは食材に直接触れ、選び、料理し、食事をたのしむという経験を失っていく。

「便利であること」自体を問題視したいわけではない。ぼくが気にしているのは、便利であることに心を奪われ、無意識に飲み込んでしまうかもしれない価値観だ。ひとたびそうなれば、食の大切な側面を見失ってしまうだろう。

料理をすることは、食材と向き合い、自分の手で食べ物をつくり出す創造的な行為だ。

その面倒な工程には、たのしみ、達成感、愛情に満ちている。

「いつでも手に入れられるようにすべきだ」という価値観は、食材の大量生産・大量消費を助長し、環境負荷を増大させ、食文化を衰退させていく。国の気候・風土や地域性を無視するからだ。

このように、ぼくたちが無意識のうちに受け入れている価値観は、知らず知らずのうちにぼくたちの行動を規定し、社会全体を単色に塗り替えていく。
だからこそ、ぼくたちは自分の価値観を意識的に見つめ直す必要があるのだと思う。

「ほんとうの豊かさとはなんだろう？」
「どんな生き方をしたいのだろう？」
「子どもたちにどんな未来を残したいのだろう？」

こうした問いに向き合うことが、ぼくたちのよりよい未来をつくる鍵となる。

スローフードの提唱者であるカルロ・ペトリーニ氏は次のように言っている。

スローフードとは、生産者の顔が見え、その地域の文化や伝統に根ざした食べ物を、味わい、たのしむこと。それは単なる食べ方ではなく、人生そのものに対する姿勢なのです。

食の選択は、自分の人生をどう生きるかという選択でもある。

「あなたは、どんな価値観に基づいて食べ物を選んでいますか？」
「あなたの食の選択は、どんな世界をつくりますか？」

一人一人が自分の価値観と向き合い、食の選択を通じてそれを表現していくこと。
それが、ファストフード文化に支配された世界を塗り変えていく力になるはずだ。

ぼくたちには、食を通じて、自分らしく、幸せに生きることができる。
そのためには、いま一度、自分の食の価値観を見つめ直すことが必要だ。
そこから、新しい食の文化と、新しい生き方がはじまるのだと、ぼくは信じている。

おわりに——本当の豊かさと向き合う喜び

「おいしくなくてもいい」

これは、一汁一菜を提唱した料理研究家である土井善晴さんの言葉です。
自分で料理をするなら、美味しくなきゃダメだ、綺麗に盛りつけないと失敗だ…と思い込んでいたぼくに対し、「料理をすることは大地とつながること」なのだと肩の力をふっとゆるめてくれました。

姉妹本である前著『私を幸せにする質問』では、ほんとうの自分を探し（再会し）、幸せになりたいと願う方に向けて書きました。

前著では、ぼく自身が過去の自分の弱さやネガティブな面を受け止め、自分に宛てたエールを手紙にしたためましたが、だれが読んでくれるのだろう…と不安な気持ちも大きいものでした。

けれど、読者の方から、こんな感想をいただき、ほっと胸をなで下ろしました。

「読んでるうちに、自然と自分に優しくなれる本だった」
「本を通じて、自分と向き合う時間をとても愛おしく感じられた」
「本を読む気分でない人にこそ、おすすめできる本」
「自分にも周りにも優しくなれる1冊でした」
「優しく、勇気をもらえました」

本書は、テーマを「食」に据え、質問を通じて、自分を知り、自分らしく生きたいと願う方に向けて書きました。

ぼくは料理研究家ではないので「これを食べよう！」だとか、「オススメのレシピ」を掲載することは叶いませんが、暮らしのなかにある食を通して自分自身と向き合うこと、食を通じて豊かさに目を向けること、そして日常の食の選択が世界をつくっていくことについて想いを寄せました。

本書が、読者のみなさんにとって、「私にとっての豊かさ」の輪郭を感じてもらえるような機会になったらと、願いを込めています。

自分の身体に耳を澄まし、どんな食事が自分を喜ばせ、満たしてくれるのかを知ること。料理をつくるたのしみを味わい、大地とつながり、食材に込められた自然の恵みに感謝すること。

大切な人とともに食卓を囲み、心が通い合う時間を過ごすこと。

そうした食の体験は、本当の豊かさとはなにか、を教えてくれます。


本書の前半では、日常の何気ない出来事を通じて、食にまつわるエピソードを綴りました。ぜひ、文末の53の質問にも答えてみてください。そうすることで、食を通じた「自分らしい豊かさとはなにか？」という問いへの答えが、自然と立ち上がってくるはずです。


お気に入りのノートや本書の余白に、質問の答えを書きとどめてみてください。想いを言葉にすることで、新たな気づきが生まれるはずです。

そして、その言葉を大切なだれかと分かち合ってみてください。食の体験や想いを語り合うことは、お互いをより深く理解し、絆を深める機会となります。

食の選択は、自分の人生をどう生きるかという選択でもあります。さらに、ぼくたち一人ひとりの日々の食の選択が、社会全体を変えていく力をもっているということも、忘れないでいたいと思います。

便利さや効率性を追求するあまり、大切なものを見失っていないか。いつでも、どこでも同じものが手に入る世界が、本当に豊かな世界だと言えるのか。そんな問いを、ぼくも食を通じて自分自身に投げかけています。

最後になりましたが、本書を書くにあたり、多くの方々にお世話になりました。執筆中に温かい声をかけてくれた仲間たちや、執筆のプロセスを見守ってくれた友人たちに感謝します。

編集者の高木さんが「一番最初に読めることをたのしみにしているんです」と、遅筆なぼくを辛抱強く支えてくださったからこそ、この本が生まれました。ありがとうございます。また、筆が進まず困り果てるたびに、取材や雑談に応じてくださったシェフや料理人の方々に感謝します。雲をつかむような話題にも一緒に頭を悩ませてくださり、ほんとうに救われました。

本書の多くの部分は、沖縄の読谷村と島根県の離島・海士町で執筆しました。それぞれの土地の豊かな自然と、人の温かさに触れながら書くことができたことは、大きな励みになりました。

みなさんのおかげで、この一冊が完成しました。心よりお礼申し上げます。

食の体験を思い出すにあたり、両親や兄弟といった近しい人たちとの情景がたくさん浮かんできました。だれかに大きな声で伝えるまでもないけれど、日常のなかにあった何気ない暮らしと食の体験が、いまのぼくをつくってくれているのだと、あらためて感じることができました。

そして、なによりいつも温かく見守り、支えてくれた妻と生まれてきてくれた娘に感謝します。ありがとう。

最後に、本書を手に取ってくださったあなたに感謝します。

「どんな食事に豊かさを感じますか？」

実際にお目にかかり、質問の答えを語り合えることをたのしみにしています。

ありがとうございます！

令和6年7月吉日　藤代 圭一

藤代 圭一（ふじしろ・けいいち）

問いかけることで自分を知り、幸福度を高めるアプローチが人気。島根県の離島・海士町と沖縄の二拠点で暮らしながら、全国各地で「自分らしく生きる」講演・セミナー活動をおこなう。また、教えるのではなく問いかけることでやる気を引き出し、考える力を育む『しつもんメンタルトレーニング』を考案。アムステルダムやシアトル、シンガポールなど世界各地の子どもたちにも実施。全国優勝チーム、日本代表チームなどさまざまなジャンルのメンタルコーチをつとめる。選手に「やらせる」のではなく「やりたくなる」動機付けを得意とし、全国各地の指導者のコーチとしても活躍。52の問いをちりばめた「Life is Learningカード（対話カード）」は、島のホテルのアメニティにも採用され「自分とつながり直すきっかけになった」と好評を得ている。自分らしく生き、自分らしく働き、大切な人たちと豊かな時間を過ごすことを大事にしている。

https://www.instagram.com/fujishirokeiichi/

SPEFIAL THANKS

海士町のみなさん・読谷村のみなさん・コフタ・FUEL・MARGICHE　COFFFEE・宗像堂・CLAY Coffee & Gallery・commons・BLOOM COFFEE OKINAWA　・Cape Zanpa Drive-In・SOL'S COFFEE・Entô・船渡来流亭・紺屋・味蔵・きくらげちゃかぽん Mote koiyo・アヅマ堂・蔵・NSCC

（順不同、敬称略）

私を幸せにする食事

2024(令和６)年７月18日　初版第１刷発行

著　者　藤代圭一
発行者　錦織圭之介
発行所　株式会社　東洋館出版社
〒101-0054　東京都千代田区神田錦町２-９-１
コンフォール安田ビル２階
代　表　TEL 03-6778-4343
FAX 03-5281-8091
営業部　TEL 03-6778-7278
FAX 03-5281-8092
振替　00180-7-96823
URL　https://www.toyokanbooks.com
装　幀　中濱健治
印刷・製本　株式会社シナノ

ISBN978-4-491-05597-8　Printed in Japan